Monika Spatz

Aschaffenburg zu Fuß

Die schönsten Sehenswürdigkeiten
zu Fuß entdecken

SOCIETÄTS VERLAG

Die Angaben und Informationen in diesem Buch sind aktuell recherchiert und vor Drucklegung sorgfältig überprüft worden. Trotzdem ist darauf hinzuweisen, dass sich Telefonnummern, Öffnungszeiten und andere Angaben im Lauf der Zeit ändern können.

Bildnachweis für alle Bilder: Dr. Karl Spatz

Seite 2: Das Pompejanum

2., ergänzte und überarbeitete Auflage

Satz: Julia Desch, Societäts-Verlag
Umschlaggestaltung: Julia Desch, Societäts-Verlag
Umschlagabbildung: Dr. Karl Spatz
Karten: Peh & Schefcik
Druck und Verarbeitung: CPI books GmbH, Leck
Printed in Germany 2020

www.societaets-verlag.de
www.facebook.com/societaetsverlag

ISBN 978-3-95542-356-8

FSC
www.fsc.org
MIX
Papier aus verantwortungsvollen Quellen
FSC® C083411

Inhalt

Stiftsplatz

Vorwort

Tor zum Spessart, Bayerisches Nizza, Kulturstadt, Hochschulstadt – mit vielen Namen wird Aschaffenburg betitelt. Aschaffenburg, das so weit im Nordwesten Bayerns an der Grenze zu Hessen liegt, dass es die Münchner gerne „Schwanzhaar des bayerischen Löwen" nennen. Vor allem aber ist meine Heimatstadt das, was unser Oberbürgermeister Klaus Herzog nicht müde wird zu betonen: „Aschaffenburg ist eine schöne Stadt."

Klimatisch begünstigt, am westlichen Rand des Mainvierecks gelegen, blickt sie auf eine mehr als 1000-jährige Geschichte zurück. Geprägt durch die 800 Jahre, die Aschaffenburg zum Kurfürstentum und Erzbistum Mainz gehörte, ebenso wie durch die mehr als 200 Jahre währende Zugehörigkeit zu Bayern, hat Aschaffenburg für jeden etwas zu bieten. Begleiten Sie mich zu den bekanntesten Sehenswürdigkeiten, zum imposanten Renaissanceschloss Johannisburg, zur Stiftskirche St. Peter und Alexander mit ihren Kunstschätzen oder zum einzigartigen Bau des Pompejanums, dem Nachbau einer römischen Villa am Hochufer des Mains. Genießen Sie einen Spaziergang durch den englischen Landschaftspark Schönbusch vor den Toren der Stadt oder flanieren Sie entlang eines historischen Grünzugs von einem Ende der Stadt zum anderen. Weitere Routen führen Sie in die romantische Altstadt mit ihren gemütlichen Gassen, zu belebten Plätzen und kunstvollen Brunnen, zu Museen mit Ausstellungen zur Archäologie und Mittelalter ebenso wie zur modernen Kunst. Und nicht zuletzt wird ein Blick von oben, von den umgebenden Hügeln, das bestätigen, was ich anfangs erwähnte: „Aschaffenburg ist eine schöne Stadt."

Nun geht's los – entdecken Sie Aschaffenburg! Viel Vergnügen dabei!

Monika Spatz

Faust

Ein Gang durch die Altstadt

Das historische Aschaffenburg

Die wichtigsten Sehenswürdigkeiten Aschaffenburgs liegen relativ nahe beieinander in der Altstadt. So führt auch der erste Rundgang, der am Schloss Johannisburg beginnt, durch diesen ältesten Teil Aschaffenburgs.

Ein Gang durch die Altstadt

Das historische Aschaffenburg

Strecke: ca. 1 km, eben, Kopfsteinpflaster, teilweise mit gepflasterten Komfortstreifen

Das Schloss Johannisburg, das Wahrzeichen der Stadt, ist ein Bau der Mainzer Kurfürsten und Erzbischöfe, die Aschaffenburg über 800 Jahre regierten. Mächtige Männer waren diese Mainzer: Als Kurfürsten waren sie Stellvertreter des Kaisers und auch verantwortlich für die Kaiserwahl, als Erzbischöfe standen sie ebenfalls an hoher Stelle in der geistlichen Hierarchie, denn der Erzbischof von Mainz war der höchste Kirchenfürst des Reiches. Ihre Macht dokumentiert sich in diesem majestätischen Renaissancebau aus Sandstein aus dem Beginn des 17. Jahrhunderts.

Das große Schlosstor, durch das Sie in den Innenhof des Schlosses gelangen, verdient ein wenig Ihre Aufmerksamkeit. Gefertigt

Schloss Johannisburg

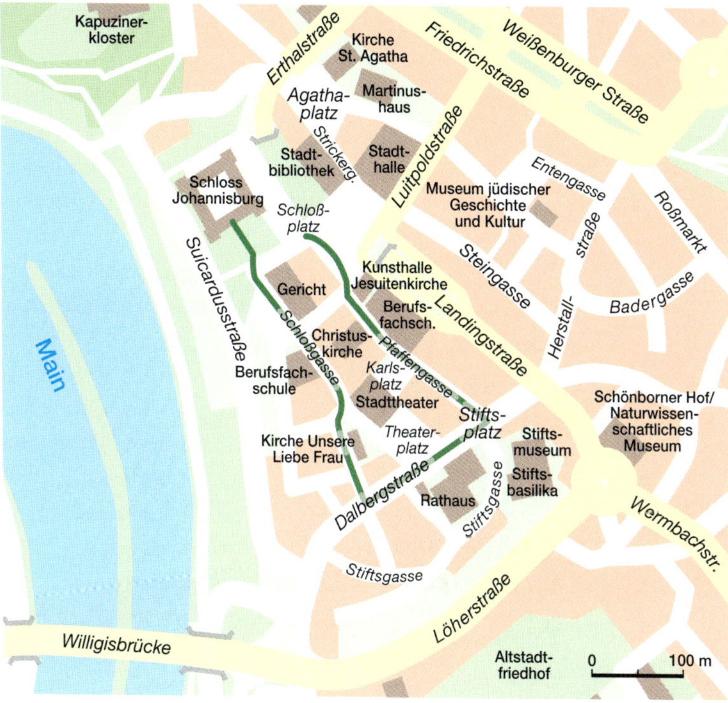

aus Eichenholz mit eisernen Beschlägen hat es alle Zeiten überstanden: Es ist nämlich immer noch das Originaltor aus dem Jahre 1613.

Genau gegenüber dem Eingangstor erhebt sich im Innenhof ein mächtiger, gelber Turm: der Bergfried der mittelalterlichen Burg, die sich früher hier an gleicher Stelle befand. Sie wurde im Markgräflerkrieg 1552 zerstört. Der Baumeister des Schlosses, Georg Ridinger, den der Schlosserbauer, der Kurfürst und Erzbischof Jo-

Schlosstor von 1613

Mächtiger Bergfried

hann Schweikard von Kronberg für den Bau des Schlosses nach Aschaffenburg holte, bezog den alten Turm in seinen Neubau mit ein.

Die Schlosskapelle in der westlichen Ecke des Schlosshofes ist dem heiligen Johannes geweiht. Der Bildhauer Hans Juncker stattete sie um 1610 mit einem prächtigen Altar und einer reichverzierten Kanzel aus. Auch die beiden Johannesfiguren in den Seitennischen neben dem Eingang sowie das Relief über dem Eingangsportal, das die Taufe Jesu im Jordan durch Johannes zeigt, stammen von diesem Künstler.

Die Schlosskapelle ist vom Schloss aus zugänglich, wird aber auch zu sonntäglichen Gottesdiensten genutzt – und natürlich bei Hochzeiten.

Seit seiner Erbauung in den Jahren 1605 bis 1614 hat das Schloss Johannisburg manche Veränderung erfahren. So ließ Ende des 18. Jahrhunderts der Kurfürst Friedrich Carl Josef von Erthal das Schloss im klas-

Eingang der Schlosskapelle

sizistischen Stil umgestalten. Auch die Durchfahrt im Stadtflügel stammt aus jener Zeit. In jedem Fenstersturz der Schlossfenster des 1. Stocks kann man das Mainzer Rad erkennen. Darum entspann sich folgende Sage, die man sich in Aschaffenburg erzählt.

Als Schwedenkönig Gustav Adolf im November 1631 mit seinem Heer nach Aschaffenburg kam, hatte die Obrigkeit aus Furcht vor den Schweden die Stadt verlassen. Auf Bitten der verbliebenen Bevölkerung ging der Kapuzinerpater Bernhard dem König entgegen, überreichte ihm die Stadtschlüssel und bat um Gnade für die Stadt. Gustav Adolf gewährte sie ihm und wollte bei ihm im Kloster einkehren. Auf dem Weg dorthin kam er am Schloss vorbei, das er bewundernd betrachtete und bedauerte, es nicht mit nach Schweden nehmen zu können, da ihm die Räder fehlten. Da obendrein die Obrigkeit es nicht hatte schützen wollen, sollten seine Soldaten das Schloss zerstören. Doch Pater Bernhard soll dem König schlagfertig

Blick vom Schlossturm in den Innenhof

geantwortet haben: „Majestät, Räder sind genug am Schloss. Wenn Ihr für die richtige Bespannung sorgt, könnt Ihr es mit nach Schweden nehmen." Bei diesen Worten soll er auf jene Mainzer Räder über den Fenstern gezeigt haben, die auch heute noch zu sehen sind. Dem Schwedenkönig gefiel die pfiffige Antwort des Kapuziners. Er ließ das Schloss nicht zerstören, sondern kehrte bei den Kapuzinern ein, bevor er mit seinem Heer weiterzog.

Während das damals neu erbaute Schloss also den Dreißigjährigen Krieg unbeschadet überstand, fiel es am Ende des Zweiten Weltkrieges in Schutt und Asche. Dem Engagement der Aschaffenburger Bürger ist es zu verdanken, dass dieses prächtige Schloss vom bayerischen Staat, dem es gehört, wieder aufgebaut wurde.

Bevor Sie den Hof durch den Haupteingang wieder verlassen, werfen Sie einen Blick zum Ostturm. Oben in der Haube können Sie das Carillon sehen, dessen Glocken dreimal täglich erklingen, um 9.05 Uhr, 12.05 Uhr und 17.05 Uhr. Die fünf Minuten Zeitverzögerung zur vollen Stunde sind den Kirchenglocken geschuldet.

CARILLON

36 der 48 Glocken des Carillons erklingen dreimal am Tag automatisch. Von Mai bis September finden jeweils am ersten Sonntag im Monat um 16 Uhr einstündige Carillonkonzerte im Schlosshof statt, die von Carilloneuren aus aller Welt gespielt werden. Der jeweilige Jahreshöhepunkt ist das Carillonfest, das immer am ersten Augustwochenende gemeinsam mit dem Kunsthandwerkermarkt stattfindet.

Im Schloss befinden sich heute neben den kurfürstlichen Wohnräumen mit den Möbeln Erthals aus dem 18. Jahrhundert die bayerische Gemäldegalerie mit vielen Werken Lucas Cranachs d. Ä. sowie die größte zusammenhängende Korkmodellsammlung der Welt. Gebäude aus Rom finden Sie dort detailgetreu nachgebildet.

SCHLOSS JOHANNISBURG

Schlossplatz 4 · 63739 Aschaffenburg · Tel.: 06021-38657-0
Öffnungszeiten: April – September 9 – 18 Uhr
Oktober – März 10 – 16 Uhr · Mo. geschlossen
Neujahr, Faschingsdienstag, 24., 25. & 31.12. geschlossen
Eintrittspreise: 3,50 € regulär · 2,50 € ermäßigt
Kombikarte Schloss/Pompejanum 7 € · ermäßigt 5 €
Schlossführungen jeden ersten Sonntag im Monat: 14 Uhr
Führungsgebühr: 4,50 € zzgl. Eintritt
Aufgrund von Sanierungsarbeiten bleiben die kurfürstlichen Wohnräume sowie die Staatsgemäldegalerie voraussichtlich bis Herbst 2021 geschlossen.
In den nächsten Jahren wird das Schloss Johannisburg von Grund auf restauriert.

Zu Beginn Ihres Rundgangs in die Altstadt sollten Sie es nicht versäumen, sich zunächst nach rechts zu wenden und zur Brüstung auf der Mainseite zu gehen. Dort bietet sich Ihnen ein wunderbarer Blick über den Main und seine Umgebung. Jenseits des Flusses liegt

Schöner Blick vom Schloss über den Main

der Stadtteil Leider mit einem Schulzentrum, Sportstätten und dem Volksfestplatz. Auf diesem ehemaligen Exerzierplatz finden alle Freiluft-Großveranstaltungen Aschaffenburgs statt, vom samstäglichen Flohmarkt über Zirkusveranstaltungen, Konzerte und eben jenem Fest, das diesem Platz seinen heutigen Namen gab: das alljährliche Volksfest. Jedes Jahr im Juni kann man hier zehn Tage lang seinen Mut auf den abenteuerlichsten Fahrgeschäften beweisen. Traditionell werden der Beginn und das Ende des Volksfestes jeweils mit einem großen Feuerwerk begangen. Die erste Schlossbeleuchtung, wie wir in Aschaffenburg dazu sagen, fand übrigens 1864 statt.

ERSTE FAHRSCHULE DEUTSCHLANDS 1904

Auf dem Volksfestplatz war auch der Übungsplatz für die erste Autolenkerschule Deutschlands, die es hier in Aschaffenburg von 1904 bis 1907 gab. Es war eine Ausbildung für Chauffeure, denn der Autoführerschein wurde erst 1910 eingeführt. Drei Monate lang hatte man täglich, außer Sonntag, acht Stunden theoretischen und praktischen Unterricht. Das Mindestalter betrug 27 Jahre.

Lassen Sie nun den Kastanienhain mit der Säulenhalle, dem Kornhäuschen, rechts liegen und gehen Sie Richtung Gaststätte „Schlappeseppel". Sie können dieses Haus nicht verfehlen, denn der Name prangt groß auf dem Gebäude. Sollten Sie in Aschaffenburg jemanden suchen und sich nicht ganz sicher sein, wo er sein könnte – ein Blick in jenes Gasthaus könnte sich lohnen. Es ist das Gasthaus der Ascheberger. Den Schlappeseppel kennt jeder! Stammgäste sind dort auch die Karikaturisten Greser & Lenz, deren Karikaturen man u. a. auch in der FAZ findet. Von ihnen stammen auch Bierdeckel-Editionen vom Schlappeseppel. Mit etwas Glück finden Sie drinnen oder auf den Bänken vor dem Haus noch einen Platz. Doch woher kommt dieser seltsame Name „Schlappeseppel"? Es gibt eine Geschichte, die von einem hinkenden (schlappen), schwedischen Soldaten aus dem Heer Gustav Adolfs erzählt. Jener Soldat Josef, also Seppel, habe für den Schwedenkönig seinerzeit in Aschaffenburg Bier gebraut und sich dann in ein Ascheberger Mädchen verliebt, es geheiratet und sei

Kastanienhain mit Kornhäuschen

deswegen in der Stadt geblieben. Erzählt man sich! Der Name könnte aber auch von einem Wirt Josef kommen, der im 19. Jahrhundert über der Gaststätte wohnte und in Hausschuhen (Schlappen) hinunter in die Gaststätte kam. Wenn man im Haus bleibt, braucht man doch die Schuhe nicht zu wechseln! Sie dürfen selbst entscheiden, welche Geschichte zur Namensgebung führte.

Der „Schlappeseppel“ – Kultgaststätte der Ascheberger

Heutzutage wird das Schlappeseppel-Bier mit großem Erfolg von der Eder & Heyland's Brauerei gebraut. Im Schlappeseppel selbst wird seit einigen Jahren Faust-Bier aus Miltenberg ausgeschenkt. Im ehemaligen

Steinmetzkunst auf dem Platz vor der Steinmetzschule

Schlossgasse

Brauereigebäude, zu dem man durch die Hofeinfahrt gelangt, befindet sich ein kleines Brauereimuseum. Führungen können über die Gaststätte gebucht werden.

SCHLAPPESEPPEL
Schlossgasse 28
63739 Aschaffenburg
Tel.: 06021-25531
Öffnungszeiten: tägl. 10 – 1 Uhr

Das gelbe Gebäude gegenüber mit dem großen Eingangstor ist der ehemalige Marstall des Schlosses. Hier Kutschen und Pferde unterzubringen, erwies sich als ideal: Man hielt Lärm und Geruch vom Schloss fern, wollte man aber anspannen lassen, war der Marstall nur einen Katzensprung entfernt. Heute befindet sich in diesem Gebäude die Meisterschule für Steinmetze. Die Zeugnisse dieser Steinmetzkunst können Sie überall in der Stadt finden.

Folgen Sie nun weiter der Schlossgasse mit ihren gemütlichen Gaststätten und Fachwerkhäusern bis zur Muttergotteskirche. Sie ist die älteste Pfarrkirche Aschaffenburgs „intra muros“, also innerhalb der

Stadtmauern, und heißt eigentlich Pfarrei „Zu unserer lieben Frau“. Dies werden Sie in Aschaffenburg nur selten hören. Sie ist hier im Sprachgebrauch einfach die „Muttergotteskirche“. Wenn Sie die Kirche aus einiger Entfernung betrachten, den Turm und das Kirchengebäude, werden Ihnen die unterschiedlichen Baustile ins Auge fallen.

Blick auf die Muttergotteskirche

Der obere Teil des Turmes ist gotisch, der untere Teil, der von der Kirche selbst verdeckt ist, romanisch und das Haupthaus ist im barocken Stil gebaut. Als älteste Pfarrkirche der Stadt, erbaut Ende des 12. Jahrhunderts, wurde der eigentliche Kirchenbau im Laufe der Zeit zu klein für die wachsende Pfarrgemeinde. Nicht alle Gläubigen fanden dort noch Platz. So ließ Pfarrer Christian Stadelmann im 18. Jahrhundert einen neuen, größeren Kirchenbau errichten. Es war die Zeit des Barock. Den Turm verwendete man weiter. Als im Zweiten Weltkrieg ein großer Teil der Altstadt zerstört wurde, trug auch die Muttergotteskirche Schäden davon, die jedoch nach relativ kurzer Zeit wieder behoben waren. Bald schon konnte man wieder Gottesdienste in der Kirche feiern. Doch es fehlte an Geld, um das Deckengemälde wieder herstellen zu können. Da brauchte es die Wirtschaftswunderzeit der 60er Jahre! Professor Hermann Kaspar, Kunstprofessor aus München, gestaltete von 1965–1967 ein neues Deckenfresko. Er orientierte sich an den alten Themen, malte aber im modernen Stil.

Wenden Sie sich vor der Kirche nach rechts und betreten Sie die schmalen Gässchen der Altstadt. Es ist nicht sehr viel übrig geblie-

Der „Flennel"

ben vom alten Handwerksviertel der Stadt. 70 Prozent der Altstadt wurden im Zweiten Weltkrieg, der große Wunden aufriss, zerstört. Doch das, was übrig blieb, wurde umso liebevoller restauriert.

Gleich im ersten Haus neben der Kirche wird der Blick gefangen von einer Fratze, die in die Hauswand integriert ist, vor wenigen Jahren bei der Renovierung des Hauses farbig gefasst. Es ist ein sogenannter „Flennel". Im Mittelalter fanden sich solche Symbole oft an den Stadttoren. Da die wenigsten Bürger lesen und schreiben konnten, bediente man sich an Bildern, um gewisse Regeln oder Gesetze zu vermitteln. Fand man solch einen Flennel an einem Stadttor, bedeutete das, dass in dieser Stadt betteln und hausieren verboten war. Hielt man sich nicht daran und wurde erwischt, kam das Rutenbündel zum Einsatz, das sich normalerweise noch unter der Fratze befand. Hier an diesem Haus fehlt das Rutenbündel. Es ist nicht bekannt, wie und warum dieser Flennel an diese Hausmauer kam. Von Aschaffenburgs Stadtbefestigung kann er nicht stammen, da diese 1749, als das Haus gebaut wurde, wie über dem Türsturz zu lesen ist, noch intakt und nicht abgerissen war.

Gehen Sie nun die Metzgergasse geradeaus weiter, an der Gaststätte „Theater Klause" vorbei. Hier lässt es sich übrigens gut einkehren. Doch sollte man vorher reservieren, da der Gastraum nicht sehr groß ist und die Plätze begehrt sind.

THEATER KLAUSE
Metzgergasse 7 · 63739 Aschaffenburg · Tel.: 06021-22074
Öffnungszeiten: Mo. – So. ab 17 Uhr, So. & Feiert. 11.30 – 14 Uhr

Gasthaus „Theater Klause“

In der Kleinen Metzgergasse

Jetzt stehen Sie mitten in der Altstadt von Aschaffenburg, dem ehemaligen Handwerkerviertel, was an den Straßennamen heute noch zu erkennen ist: Metzgergasse, Kleine Metzgergasse, Webergasse.

Irgendwo in diesen Gassen wohnte vermutlich auch Mathis der Maler, besser bekannt als Matthias Grünewald (1470–1528), der Schöpfer des Isenheimer Altars. Er war hier in Aschaffenburg Hofmaler des Mainzer Kurfürsten Albrecht von Brandenburg. Sein letztes Bild, die „Beweinung Christi“, das er im Jahre 1525 malte, befindet sich in der Stiftskirche.

Geradeaus weitergehend gelangen Sie an die Dalbergstraße. Drehen Sie sich dort noch einmal um und werfen Sie einen Blick zurück. Das ist die meistfotografierte Ansicht der Altstadt!

Dalbergstraße

Stadttheater

Seinerzeit war die Dalbergstraße die Hauptverkehrsstraße Aschaffenburgs. Rechts unten sieht man den Main und die Stelle, wo die Willigisbrücke auf die Stadt stößt. In früheren Zeiten konnte man nicht so wie heute von der Brücke aus geradeaus weiterfahren, denn dort war der offene Stadtgraben. Man musste nach links schwenken, über den Berg fahren und auf der anderen Seite wieder hinab. Jeglicher Durchgangsverkehr musste diese Straße benutzen. Wie so ein mittelalterlicher Kaufmannszug ausgesehen haben könnte, zeigt Ihnen das Bild auf dem Haus gegenüber.

Gehen Sie die Dalbergstraße nun links weiter bis zum Theaterplatz. Die moderne Fassade des Theaterrestaurants „Jedermann“ fällt dem Betrachter sofort ins Auge. Das eigentliche Stadttheater, das 1811 unter Fürstprimas Carl Theodor von Dalberg errichtet wurde, liegt dahinter. Es ist ein kleines Theater mit ca. 500 Plätzen. Zur 200-Jahr-Feier im Jahre 2011 bekam das Ensemble eine Generalüberholung und wurde der heutigen Zeit angepasst. Nun prägt die Glasfassade des Restaurants den Platz, den es vor dem Zweiten Weltkrieg nicht gab. Hier standen bis dahin Häuser und Gassen, hier lebten Menschen. Doch dieser Teil Aschaffenburgs wurde im Krieg völlig zerstört. Der neu entstandene Platz wurde in den nächsten Jahrzehnten ganz unterschiedlich genutzt, als Parkplatz, als Marktplatz, und man nahm Ausgrabungen zur Stadtgeschichte vor. Schließlich entschied man sich, den ganzen Platz als Sonnenuhr zu gestalten. Der silberfarbene Zeiger mit der Kugel steht mitten auf dem Platz. Dort, wo der Schatten der Kugel hinfällt, können Sie die Sonnenzeit ablesen. Die Zeit auf Ihrer Armbanduhr weicht davon ab, denn sie zeigt die genormte MEZ an. Möchten Sie noch mehr über die Sonnenuhr erfahren, empfiehlt es sich, den Informationsraum im ersten Stock der Stadtloggia aufzusuchen. Die Treppe führt Sie hinauf in das Zimmer, das mit gelben Strahlen gekennzeichnet ist.

Genussvolle Pause auf dem Theaterplatz

Wer seinen Kaffee gerne unter Oleanderbüschen genießt, fühlt sich in den Sommermonaten unter der Stadtloggia sicherlich wohl. Gleich an der Ecke gegenüber lädt das „Caffè Longo" zu Kuchen und leckeren Kleinigkeiten ein.

Einen besonderen Ausblick auf den Theaterplatz mit seinem kleinen Wasserlauf an der Seite haben Sie von der Terrasse des Restaurants „Jedermann".

Grundsätzlich dürften Sie in Aschaffenburg keine Schwierigkeiten haben, Ihren Hunger und Durst zu stillen, denn die Auswahl an Gaststätten, Restaurants und Cafés ist sehr groß. Aschaffenburg besitzt schließlich eine der höchsten Kneipendichten Bayerns!

Vorbei am roten Sandsteinbau des Rathauses gelangen Sie nun zum Stiftsplatz, der sich vor der Stiftskirche, der ältesten Kirche der Stadt, öffnet. Auf der rechten Seite wird er seit 1958 vom imposan-

Aschaffenburgs Rathaus

Sitzungssaalgebäude am Rathaus im Herbstgewand

ten Bau des Rathauses begrenzt. Als eines der ersten Gebäude Deutschlands, das in Stahlbetonskelettbauweise erstellt wurde, entworfen von Diez Brandi, steht das Rathaus seit 1991 unter Denkmalschutz.

Aufgrund von Sanierungsarbeiten ist das Rathaus eingerüstet. Trotzdem kann man mit aufmerksamem Blick viele architektonische Details entdecken. Das große herausragende Zimmer mit den hohen Fenstern ist das Trauungszimmer des Standesamtes.

Auf der anderen Seite wird der Platz von drei markanten Gebäuden begrenzt. Sofort ins Auge fällt das wunderbare Fachwerkhaus der ehemaligen kurfürstlichen Löwenapotheke, die seit dem 15. Jahrhundert an dieser Stelle stand. Sie wurde im Krieg völlig

Gebäudeensemble am Stiftsplatz

zerstört. Überlegungen und Pläne des Stadtrats, hier ein modernes Gebäude zu bauen, behagten vielen Aschaffenburgern nicht. Schließlich gelang es einer Bürgerinitiative, ihr Anliegen, die Löwenapotheke zu rekonstruieren, durchzusetzen. Seit den 1990er Jahren schmückt nun das Fachwerkgebäude der Löwenapotheke wieder diesen Platz.

Gleich daneben steht das ehemalige Stiftsglöcknerhaus. Doch war der Stiftsglöckner nicht nur für die Glocken zuständig. Er hatte auch die Aufsicht über den Markt, der ehedem auf diesem Platz stattfand, nachdem der frühere Friedhof aufgelassen worden war. Im Giebel des Hauses sind die beiden Stiftspatrone St. Peter und Alexander zu erkennen. Sie findet man auch am Fuße der großen barocken Freitreppe, die vom Platz hoch zur Stiftskirche führt.

Das Wort Stift, das in vielen Namen enthalten ist, ist nicht auf ein Stift im Sinne von Klos-

In alter Pracht: die Löwenapotheke

Das Stiftsmuseum

ter zurückzuführen, sondern auf eine Stiftung. Sie wurde Ende des 10. Jahrhunderts ins Leben gerufen für die nachgeborenen Söhne des Adels. Die erstgeborenen adeligen Söhne erbten damals in der Regel Titel und Besitz. Zweitgeborene Söhne wurden Priester, und Töchter wurden verheiratet oder traten in ein Kloster ein. Wurden weitere Söhne geboren und erreichten sie das Mannesalter, konnten sie sich in diese Stiftung einkaufen. Sie mussten ein Haus vorweisen, ein sogenanntes Stifts- oder Kurienhaus. Außerdem waren theologische Weihen erwünscht. Straßennamen weisen heute noch daraufhin, wo sich diese Kurienhäuser befanden: in der Stiftsgasse und in der Pfaffengasse.

Der langgestreckte Bau, der sich ans Stiftsglöcknerhaus anschließt, ist das ehemalige Stiftskapitelhaus. Dort betrieben die Stiftsherren ihre Studien, schrieben an Büchern oder trafen sich zu Versammlungen. Heute beherbergt das Gebäude das Stiftsmuseum mit dem prachtvollen Stiftsschatz und dem wunderbaren Magdalenenaltar von Lucas Cranach d. Ä. Außerdem kann man Ausgrabungsfunde zur Stadtgeschichte bestaunen.

STIFTSMUSEUM
Stiftsplatz 1 a · 63739 Aschaffenburg · Tel.: 06021-4447950
Öffnungszeiten: Di. – So. 11 – 17 Uhr.
Neujahr, Faschingsdienstag, 24., 25. & 31.12. geschlossen
Eintrittspreise: 2,50 € regulär · 1,50 € ermäßigt · 5 € Familienkarte
Schulklassen und Kinder unter 6 Jahren frei · Gruppen ab 10 Personen erhalten den ermäßigten Eintritt

Die Stiftskirche und das Stiftsmuseum sind durch einen spätromanischen Kreuzgang aus dem 13. Jahrhundert verbunden, der an Wochenenden nachmittags geöffnet ist. 64 Säulen tragen jeweils unterschiedliche Kapitelle. Nur wenig vergleichbare, intakte Kreuzgänge sind in Deutschland noch zu finden.

Die Stiftskirche selbst, eine der Hauptsehenswürdigkeiten Aschaffenburgs, ist in Jahrhunderten gewachsen und hat ihr Bild immer

Der spätromanische Kreuzgang

Die Stiftskirche St. Peter und Alexander mit barocker Freitreppe

Eingangshalle der Stiftskirche

wieder geändert. Die Anfänge des heutigen Baus liegen im 12. Jahrhundert. Es wurde abgerissen, angebaut, ergänzt und erneuert. Als einzige Kirche weltweit ist sie den Hl. Petrus und Alexander geweiht. Seit 1958 trägt sie den Ehrentitel Basilica minor und ist damit die einzige päpstliche Basilika im Bistum Würzburg. Im Inneren birgt sie große Kunstschätze: u. a. ein frühromanisches Kreuz, Gemälde von Lucas Cranach d. Ä. und das letzte Werk von Matthias Grünewald „Die Beweinung Christi" aus dem Jahre 1525. Ein Besuch der Kirche oder des Stiftsmuseums ist unbedingt zu empfehlen!

Um wieder zum Ausgangspunkt dieses Rundgangs, dem

Prächtiger Innenraum der Stiftskirche

Schloss Johannisburg, zu gelangen, biegen Sie in die Pfaffengasse ein, die gegenüber der Löwenapotheke beginnt. Nach wenigen Metern öffnet sich links ein kleiner Platz, der Karlsplatz, mit dem Kulissenbau des Stadttheaters. Rechter Hand erstreckt sich ein großes gelbes Gebäude, das ehemalige Jesuitenkolleg. 1619–1621 von den Jesuiten, die Kurfürst Schweikard von Kronberg nach Aschaffenburg holte, erbaut, erfuhr es über die Jahrhunderte unterschiedliche Nutzung. Nach aufwendigen Umbaumaßnahmen entstand hier das Christian-Schad-Museum, das den Nachlass dieses Malers (1894–1982), der zu den Vertreten der neuen Sachlichkeit gehört, in dessen Wahlheimat umfassend repräsentieren soll. Die Eröffnung erfolgt voraussichtlich bis Herbst 2020.

Die „Beweinung Christi" von Matthias Grünewald

Karlsplatz mit dem Kulissenbau des Stadttheaters

Kunsthalle Jesuitenkirche

Die zugehörige Kirche, die im Zweiten Weltkrieg stark zerstört war, wurde danach profaniert und präsentiert heute als Kunsthalle Jesuitenkirche beachtenswerte Ausstellungen unterschiedlicher Genres.

JESUITENKIRCHE
Pfaffengasse 26 · 63739 Aschaffenburg · Tel.: 06021-218698
Öffnungszeiten: Di. 10 – 21 Uhr, Mi. – So. 10 – 18 Uhr
Neujahr, Faschingsdienstag, 24., 25. & 31.12. geschlossen
Eintrittspreise: 5 € regulär · 3,50 € ermäßigt
Kinder bis einschl. 10 Jahren haben freien Eintritt
Führungen: jeden Sonntag um 11 Uhr · jeden Dienstag um 19 Uhr
Führungsgebühr: 4,50 € zzgl. Eintritt

Gegenüber dem Jesuitenkolleg steht die evangelische Christuskirche, die erste protestantische Kirche der Stadt, erbaut 1837. Nach der fast kompletten Zerstörung im Zweiten Weltkrieg erbaute man

Blaue Wegweiser zur Orientierung

Blick aus der Pfaffengasse auf das Schloss

die Kirche 1950 neu und erweiterte 50 Jahre später den Altarraum um einen verglasten Anbau.

Von den zahlreichen Stiftshöfen, die früher die Pfaffengasse säumten, überdauerte nur einer die Jahrhunderte und die Kriegsereignisse, die Kurie zur Starkenburg, erbaut im 15. Jahrhundert, die nun das Ende der Pfaffengasse markiert. Von hier aus sind es nur wenige Schritte zum Ausgangspunkt dieses Rundgangs, dem Schloss Johannisburg.

★ TIPP ★ Im Übrigen helfen Ihnen die blauen Wegweiser, denen Sie im Stadtbild häufig begegnen, weiter, um Ihr jeweiliges Ziel zu erreichen.

Das Grüne Band

Auf grünen Wegen durch Aschaffenburg

Vor mehr als 200 Jahren ließ der Mainzer Kurfürst Friedrich Carl Joseph von Erthal mehrere Parkanlagen in Aschaffenburg anlegen und hatte die Idee, sie auf grünen Wegen miteinander zu verbinden. Vom Park Schönbusch, nur wenige Kilometer außerhalb der Stadt gelegen, konnte man fast durchgehend auf grünen Wegen bis ans entgegengelegene Ende Aschaffenburgs gelangen. Mitte des 19. Jahrhunderts wurde dieses Grüne Band durch den Bau der Eisenbahnlinie Aschaffenburg-Miltenberg unterbrochen. Durch die nun fertiggestellte Ringstraße ergab sich die Möglichkeit, dieses Band durch eine neue Grünbücke wieder vollständig herzustellen.

Das Grüne Band

Auf grünen Wegen durch Aschaffenburg

Der Spaziergang entlang des Grünen Bandes beginnt auf der Schlossterrasse, führt durch die Innenstadt, quer durch den Park Schöntal über die neue Grünbrücke und endet in der Fasanerie.

Strecke: ca. 3 – 4 km, mehrere Treppen

Vom Hauptportal des Schlosses Johannisburg aus wenden Sie sich zum Main und gehen geradeaus durch das Sandsteinportal die Treppen hinunter auf die Schlossterrasse, nicht links hinunter zum Parkplatz. Seit 400 Jahren reckt sich die Schlossmauer hier 20 Meter in die Höhe. Von hier oben kann der Blick ungehindert bis an die Hügel des Odenwalds schweifen. Vorbei am Biergarten der Schlossweinstuben, der nicht nur an lauen Sommerabenden zu einem Schoppen Wein lockt, gelangen Sie zum Ende der Terrasse und werden mit einem „Schokoladenblick“ belohnt: dem Blick auf das rö-

Durch das Sandsteinportal führt der Weg hinunter auf die Schlossterrasse

mische Haus, das Pompejanum, das Bayerns König Ludwig I. Mitte des 19. Jahrhunderts auf dem Hochufer des Mains errichten ließ. Über die Sandsteintreppen gelangen Sie nun zum Laubengang, dem ehemaligen Wehrgang der Stadtmauer. Unter Kurfürst Erthal wurde mit der Niederlegung der alten Stadtbefestigung begonnen. So verwandelte sich der alte Wehrgang in diesen romantischen Laubengang, dem Sie nun bis in den Schlossgarten folgen, immer wieder belohnt durch Ausblicke über den Fluss. Halten Sie sich weiterhin links und spazieren Sie vorbei an Pergolen und Sitznischen bis zu dem runden, weißen Gebäude über dem Main, dem Frühstückstempel,

Schlossterrasse

Von der Schlossterrasse aus fällt der Blick auf das Pompejanum

Einst Wehrgang, heute Laubengang

Alter Stadtgraben

den Erthal an der Stelle eines alten Stadtturms errichten ließ. Ob der Name „Frühstückstempel“ tatsächlich darauf zurückzuführen ist, dass der Kurfürst hier gerne sein Frühstück einzunehmen pflegte, ist nicht zu belegen. Aber das kurfürstliche Wappen an dem Gebäude weist noch auf seinen Erbauer hin. Wenn Sie den Ausblick über die Mainlandschaft genügend genossen haben, führt Sie Ihr Weg nicht über die Brücke zum Pompejanum, sondern rechts entlang der Mauer, die den Schlossgarten vom dahinter liegenden ehemaligen Kapuziner-

Hotel „Zum Goldenen Ochsen"

kloster trennt. Sollte Ihnen der Sinn nach einem romantischeren Weg mit Bachgemurmel stehen, können Sie direkt an der Brücke die Treppe nach unten nehmen und im alten Stadtgraben wandeln, der ebenso wie der obere Weg nach rechts Richtung Innenstadt führt.

Schließlich verlassen Sie den Schlossgarten durch das schmiedeeiserne Tor und stehen am Ende der Karlstraße. Hier begrenzte früher das Karlstor die Stadt. Rechter Hand fällt Ihr Blick auf das traditionsreiche Hotel „Zum Goldenen Ochsen", in dessen Restaurant „Oechsle" Sie vor allem regional geprägte Landküche genießen können.

ZUM GOLDENEN OCHSEN
Karlstraße 16 · 63739 Aschaffenburg · Tel.: 06021-23132
Restaurant „Oechsle" Öffnungszeiten: Di. – Sa. 17.30 – 21.30 Uhr

Entlang der rechten Häuserzeile folgen Sie dem Grünstreifen, dem ehemaligen Stadtgraben, der bis ins Zentrum führt. Die Apfelbaumallee, die sich früher von hier bis zum Herstallturm er-streckte, ist

Durchblick

heute eine verkehrsreiche Ausfallstraße und heißt seit 1874 Weißenburger Straße. Am Justizgebäude queren Sie die Straße und setzen Ihren Weg im offenen Schöntal fort. Nach der Niederlegung der alten Stadtbefestigung unter Erthal um 1780 wurde der Stadtgraben als begehbares Tal und als Teil des Grünen Bandes genutzt. Mehr als hundert Jahre später füllte man diesen Teil der Innenstadt auf und gestaltete ihn als eine Grünfläche, als das offene Schöntal. In den letzten Jahren wurde viel Geld in die Verschönerung und Neugestaltung dieser Parkanlage investiert. Entlang des Grünen Bandes stoßen Sie immer wieder auf Schautafeln, die Sie auf der Vorderseite über Geschichtliches zu dem jeweiligen Standort informieren, während Sie auf der Rückseite den Verlauf des Grünzugs und Ihren jeweiligen Standort finden.

Vorbei an dem originellen Brunnen mit dem Namen „Meinungsaustausch am Stadtgraben“ gelangen Sie zum Herstallturm, einem weiteren Merkmal der Stadt. Er wurde im 14. Jahrhundert als einer von zwei Vortürmen des wichtigen und großen Herstalltors gebaut und ist einer der letzten Türme der Stadtbefestigung. Sein Zwillingsturm fiel ebenso wie das eigentliche Stadttor 1879 als letztes Stadttor der Spitzhacke zum Opfer. Bis zu diesem Tor reichte ursprünglich der Park Schöntal, den Sie von hier aus über den

Gute Standortinformation

Fußgängerweg an der Ampel erreichen.

Die Anfänge des Schöntals, wie der Park im Volksmund heißt, liegen im 15. Jahrhundert, als der Mainzer Kurfürst und Erzbischof Theoderich von Erbach vor den Toren der Stadt einen Tiergarten für Wildbret anlegen und mit einer Mauer umgeben ließ. Seine heutige Größe erreichte der Park knapp 90 Jahre später, denn Kurfürst Albrecht von Brandenburg ließ den Tiergarten um einen Küchengarten für das kurfürstliche Schloss erweitern. Ende des 18. Jahrhunderts beauftragte Kurfürst Erthal den Gartenkünstler Friedrich Ludwig von Sckell, diese Anlage in einen englischen Landschaftsgarten umzugestalten. Heute liegt der Park Schöntal mitten im Zentrum Aschaffenburgs und ist ein willkommener Platz, um sich nach anstrengenden Schaufenster- und Einkaufsbummeln zu erholen.

Der Herstallturm, Vorturm der ehemaligen Stadtbefestigung

Folgen Sie nun dem Hauptweg durch den Park entlang des alten Stadtgrabens, der nach Wünschen Erthals in ein romantisches Tal umgestaltet wurde. Bald fällt Ihr Blick auf die Ruine einer Kirche, die sich wildromantisch auf einer Insel inmitten eines Sees erhebt. Geheimnisumwittert sieht sie aus, und genau das war die Absicht Sckells, als er die vorhandene Ruine einer Beginenkirche bei der Umgestaltung des Schöntals zum Mittelpunkt seines gartenarchitektonischen Konzepts machte und sie in eine Parkstaffage verwandeln ließ.

Beginen: Beginen waren Frauen, die sich im Mittelalter zu Gemeinschaften zusammenfanden, ohne dass sie in klösterlicher Gemeinschaft lebten oder ein Gelübde ablegten. Sie verdienten sich ihren Lebensunterhalt selbst, durch handwerkliche oder karitative Arbeit. In Aschaffenburg gab es mehrere kleinere Beginengemeinschaften. Eine davon befand sich am Rande des heutigen Schöntals.

Vor und nach dem Shopping

Zwischen den beiden Seen hindurch setzen Sie Ihren Weg durch den Park fort bis zur übernächsten Weggabelung. Im April, zur Zeit der Magnolienblüte, empfängt Sie hier rechter Hand der größte Magnolienhain Bayerns mit einer überwältigenden Farben- und Blütenpracht. Es ist der Platz, den die Aschaffenburger zu Frühlings-

Schöntalruine: wildromantisch

beginn am meisten lieben. Selten ist dann eine Bank unter den mehr als 40 weiß, rosa- oder purpurfarben blühenden Bäumen unbesetzt.

Von hier aus sind es nur wenige Schritte bis zum Hofgartenkabarett von Urban Priol. Zunächst ein stadtbekanntes Café, dann als Kino genutzt, wurde aus der ehemaligen Orangerie der Kurfürsten eine überregional bekannte Bühne für Kabarett und Kleinkunst mit Auftritten bekannter Kabarettisten und Künstlern.

Der größte Magnolienhain Bayerns

HOFGARTEN KABARETT
Hofgartenstr. 1a
63739 Aschaffenburg
Tel.: 06021-200455
www.hofgarten-kabarett.de

Linker Hand gehen Sie weiter und kommen auf Ihrem Weg an der Gaststätte „Hofgarten" vorbei, die mit ihrem Biergarten zu einer der beliebtesten Gaststätten der Stadt gehört. Direkt am Rand des Schöntals gelegen, kann man hier gutbürgerliche Küche bei einem kühlen Schlappeseppel-Bier genießen.

Das Hofgarten-Kabarett von Urban Priol

Auf geht's zum Biergarten

HOFGARTEN
WIRTSHAUS & BIERGARTEN
Hofgartenstr. 1
63739 Aschaffenburg
Tel.: 06021-22188
Öffnungszeiten:
Mo. - Sa. ab 11.30 Uhr
So. & Feiert. 11.30 - 22 Uhr

Nachdem Sie das Schöntal an der Ecke zur Platanenallee verlassen haben, queren Sie die Kreuzung am Zebrastreifen, und schon nach wenigen Metern stehen Sie wieder in einer Grünanlage, der Großmutterwiese. Niemand weiß heute noch, wie sie zu diesem Namen kam, der erstmals 1809 auftaucht. Vielleicht haben ja tatsächlich Großmütter hier ihre Enkel beaufsichtigt oder spazieren gefahren. Ursprünglich wurde diese Fläche allerdings landwirtschaftlich genutzt, bevor sie zu einem Teil der Fasanerie wurde. Heute dominiert ihren Beginn der Ludwigsbrunnen, der

Hofgartengaststätte, beliebter Treffpunkt der Aschaffenburger

1897 zu Ehren König Ludwigs I. von Bayern gebaut und von Prinzregent Luitpold enthüllt wurde. Weil man seinen Standplatz für eine Straßenspange benötigte, wurde er 1970 aus der Innenstadt verbannt und hierher versetzt. Vier pompejanische Säulen tragen Dach und Gebälk, gekrönt von zwei Löwenköpfen. Dazwischen blickt der König selbst auf die Besucher, die auf den Sockeln die vier Kardinaltugenden des Herrschers nachlesen können: gerecht, beharrlich, tapfer und weise.

Der Ludwigsbrunnen

Wo heute ballbegeisterte Kinder der runden Kugel nachjagen oder Familien mit ihrem Nachwuchs spielen, standen in den Jahren nach dem Zweiten Weltkrieg sogenannte Schulbaracken, um die Raumnot der Aschaffenburger Gymnasien zu lindern.

Fußball erlaubt

Spazieren Sie die Allee entlang quer über die Großmutterwiese bis zu dem kleinen See. Er trägt den lustigen Namen „Hannewackeldudelsee“. Zur Herkunft dieses Namens kursieren verschiedene Versionen. Allen gemeinsam ist, dass ein Mann namens Hannewacker eines Tages, eines Abends oder eines Nachts in den See fiel. Je nach Version, hatte er vorher einen gedudelt – Dudelsee – oder nicht, wurde nur nass, ertrank oder beging Selbstmord. Wie auch immer, dieser kleine See führte bis vor Kurzem ein Schattendasein. Zugewuchert lag er hinter einem Maschendrahtzaun. Im Zuge der Neugestal-

Alleenspaziergang

Blumenpracht auf der Grünbrücke

tung dieses Areals bekam er ebenso wie sein bis dahin verrohrter Zulauf eine Generalüberholung und bereichert nun dieses Freizeitgelände.

Auf dem Weg zum großen roten Tor, das den Übergang zur Grünbrücke markiert, haben Sie vielleicht die Gelegenheit, Boulespielern bei ihrem faszinierenden Spiel zuzuschauen.

Mehr als 130 Jahre durchschnitt die Eisenbahnlinie Aschaffenburg-Miltenberg das historische Grüne Band. Nach der Fertigstellung der Ringstraße nutzte man die Chance, die alte Verbindung wieder herzustellen und neu zu gestalten. 2014 wurde diese neue 175 Meter breite Grünbrücke eröffnet. 500 Aschaffenburger wollten damals sehen, was aus der Idee geworden war und wie die Planung umgesetzt wurde. Ruhezonen waren geschaffen worden, Bäume und Sträucher angepflanzt, und die Aschaffenburger erkannten schnell, welch ein schönes Stückchen Erde ihnen da geschenkt worden war.

Verschiedene Kunst- und Spielobjekte sind auf der Grünbrücke verteilt. Als erstes und größtes fällt die Äolsharfe ins Auge. Ihr Name leitet sich von Aiolus, dem Beherrscher der Winde in der griechischen Mythologie, her. Man kann die Saiten in den Wind drehen, der diese dann in Schwingungen versetzt und Töne entstehen lässt.

Ein weiteres Spielobjekt ist das Steintelefon, das in der Nähe der Äolsharfe am Weg steht. Spricht man in die Öffnung hinein, kann ein anderer das im wenige Meter entfernten Pendant hören. Am Ende dieses Weges findet man einen Stein mit einer Aushöhlung, einen Summstein. Steckt man den Kopf in dieses Summloch und atmet tief summend aus, können die Töne in Resonanz geraten. Die dadurch entstehenden Vibrationen sind im ganzen Körper zu spüren.

Rechter Hand steht eine Sandsteinstele mit einer Öffnung in Form einer Taube. Anstelle eines Kreuzes, das man früher oft als Wegzeichen sah, wurde hier von dem Künstler Heribert Deiss ein Kulturzeichen geschaffen, das sowohl ein Symbol für den weltoffenen Geist der Stadt sein als auch die christliche Werthaltung zum Ausdruck bringen soll.

Dahinter sehen Sie die Gebäude des Kronberg-Gymnasiums, das als ältestes der Stadt auf eine fast 400-jährige Geschichte zurückblickt. 1620 wurde es von den Jesuiten gegründet und befindet sich seit 1968 am jetzigen Ort.

Hier können Sie nun Ihren Spaziergang beenden und mit dem Bus zurück in die Innenstadt fahren. Die Haltestelle Fasaneriestraße liegt direkt an der Grünbrücke.

Bushaltestelle Fasaneriestraße, Buslinie 7 und 21, Richtung ROB

Wenn Sie aber möchten, setzen Sie Ihren Weg entlang des Grünen Bandes fort. Am östlichen Rand der Grünbrücke führt der Weg in die Fasanerie.

Als unter Kurfürst Erthal der Landschaftspark Schönbusch angelegt wurde, entfiel die dortige Fasanerie und die Fasanenjagd. Ein neues Gelände vor

Sandsteinstele mit Taube

Fasaneriegaststätte, gastronomisches Ausflugsziel im Grünen

den Toren der Stadt sollte sie ersetzen. Man fasste im Jahre 1779 verschiedene Grundstücke zu einem Wildpark zusammen, umgab sie zunächst mit einem Palisadenzaun und später mit einer Mauer. Diese neue Anlage diente vor allem der Zucht von Fasanen für die kurfürstliche Küche. 800 bis 1.000 Fasanen sollen jedes Jahr gezogen worden sein. Inmitten der Anlage entstand ein Wohnhaus mit Nebengebäuden für den Fasanenjäger, der die eingesetzten zahmen Fasane hegte. Die Fasanerie war jedoch nicht nur Tiergehege, sondern zeigte mit den geschlängelten Wegen und dem neu angelegten See die gleichen Merkmale der Gartenkunst wie die Parkanlagen Schönbusch und Schöntal. Unter bayerischer Herrschaft wurde die Fasanenzucht

Hier kann man wunderbar klettern und spielen!

Fasaneriesee

aufgehoben und der Bretterzaun durch Hecken ersetzt. 1850 ging der letzte Fasanenjäger in den Ruhestand. Die vom Forstamt der Stadt Aschaffenburg ökologisch bewirtschaftete Fasanerie wird von den Aschaffenburgern als Naherholungsziel sehr geschätzt.

Weiter schlängelt sich der Weg durch den Wald, bis Sie nach etwa zehn Minuten ins Freie treten. Nichts deutet heute noch darauf hin, dass sich an dieser Stelle im Krieg von 1866 Preußen und Österreich ein heftiges Gefecht lieferten.

Das vor Ihnen liegende ehemalige Haus des Fasanenjägers beherbergte bis Anfang 2020 noch die Fasaneriegaststätte, ein über die regionalen Grenzen hinaus beliebtes Ausflugsziel. Der direkt danebengelegene große Abenteuerspielplatz ist ein Paradies für Kinder. Nach weiteren 500 Metern bergab erreichen Sie den idyllisch gelegenen Fasaneriesee, den Sie auf einem gut ausgebauten Weg umrunden können.

Von der ehemaligen Gaststätte aus können Sie gut mit dem Bus zurückfahren. Gehen Sie den Weg neben der Autostraße bis zum Parkausgang. Rechter Hand befindet sich die Bushaltestelle.

Bushaltestelle Fasanerie, Linie 43, Richtung ROB

Werbung
ALZ

Wenn alle Brünnlein fließen

Spaziergang zu Brunnen und Plätzen

Aschaffenburg ist eine Stadt der Brunnen, von denen es hier mehr als 30 gibt. Willi Reiland, der ehemalige Oberbürgermeister, bezeichnete sich selbst als brunnenverrückt und sorgte dafür, dass Aschaffenburg eine solch große Anzahl davon bekam. Bei diesem Spaziergang lernen Sie einige der Brunnen und Plätze kennen, die für Aschaffenburg typisch sind.

Wenn alle Brünnlein fließen

Spaziergang zu Brunnen und Plätzen

Vom Stiftsplatz aus führt dieser Spaziergang durch die Altstadt in die Fußgängerzone und endet in der Innenstadt.

Strecke: ca. 1 km, leichte Steigungen, eine Treppe
Buslinien 1, 4, 10 oder 12, Haltstelle Freihofsplatz

Dieser Spaziergang beginnt an der Stiftskirche St. Peter und Alexander, der ältesten Kirche der Stadt. Vor ihr breitet sich der Stiftsplatz aus, einer der wichtigsten Plätze Aschaffenburgs. Ursprünglich lag an dieser Stelle ein Friedhof, auf dem die Stiftsherren bestattet wur-

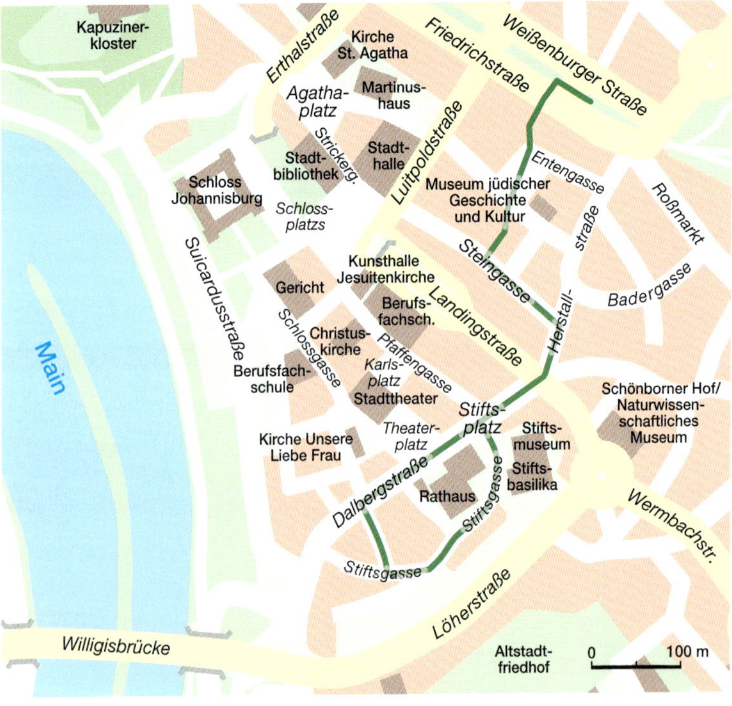

Stiftsplatz

den. Nach seiner Auflassung diente der Platz als Marktplatz, in dessen Mitte die Figuren der beiden Stiftspatrone St. Peter und Alexander standen. Sie rückten zwischen die beiden Aufgänge der barocken Treppe, als diese im 18. Jahrhundert entstand.

Auf dem Marktplatz befanden sich schon immer Brunnen, der erste vermutlich im 16. Jahrhundert. Der große Sandsteinbrunnen, der heute den Platz auf der rechten Seite begrenzt, sieht genauso aus wie der Brunnen von 1882. Er besitzt ein achteckiges Becken, aus dem eine Fiale, eine fein verzierte, neugotische Sandsteinspitze drei Meter

Der Stiftsbrunnen

Detail am Stiftsbrunnen

Alte Münze auf dem Stiftsberg

hoch aufragt. Alle Skulpturen, Bilder und Symbole auf und an dem Brunnen haben mit der Geschichte Aschaffenburgs zu tun. Durch Herzog Otto von Schwaben und Bayern, dessen Figur als Ritter am Brunnen steht, kam die Stadt um das Jahr 1000 als Schenkung an das Kurfürstentum Mainz. Auf seinem Schild kann man die bayerische Raute erkennen. Zu seinen Füßen ist das Brustbild eines Pilgers zu sehen, erkennbar an der Jakobsmuschel im Hut. Der Pilgerweg nach Walldürn führte hier vorbei. Daneben sieht man das Mainzer Rad, den fränkischen Rechen und das Wappen Aschaffenburgs, der hl. Martin, zwischen den beiden Türmen. Und doch ist dieser Brunnen erst wenige Jahre alt, geschaffen von der Steinmetzschule Aschaffenburgs. Der ursprüngliche Brunnen, dessen Spitze hohl war, wurde im August 1942 das Opfer eines Sommersturmes – die Spitze brach ab. Den Rest erledigten die Kriegsereignisse. Nur die kleine schwarze Tafel am Brunnen mit den Daten ist noch das Original. Die großzügige Spende des Aschaffenburger Apothekers Josef Engelhard ermöglichte 1996/1998 die Wiederherstellung des Brunnens. Dabei wurde allerdings die Spitze der Fiale innen mit Stahl verstärkt, um im Falle eines Sturmes ein erneutes Abbrechen zu vermeiden.

Ihr Rundgang führt Sie zwischen Stiftskirche und Rathaus den Stiftsberg hinauf. Vorbei an den Stiftshöfen der Alten Münze und dem Kelterhaus gelangen Sie zu einem weiteren Brunnen, dem Eulenbrunnen. Aus sieben Wasseröffnungen strömt das Wasser aus der Bronzefigur eines Jünglings, auf dessen Schulter eine wachsame Eule sitzt. In dem rosafarbenen Haus davor wohnt und arbeitet Helmut Massenkeil, der diesen Brunnen entwarf und fertigte. Bis zum Zweiten Weltkrieg stand hier das Kurienhaus eines Stiftsherrn, das wie alle Stiftshäuser einen Namen trug: Haus zur Eule. Der Name inspirierte den Künstler zu diesem Brunnen. In ihrem Atelier in der Nähe des Brunnens zeigen und verkaufen der Bildhauer und seine Frau, die Keramikerin Andrea Müller, ihre Arbeiten. Treten Sie ein und schauen Sie sich um. Vielleicht entdecken Sie ja ein Kleinod, das Sie gerne mit nach Hause nehmen möchten.

Wohnung und Atelier von Helmut Massenkeil

Der Eulenbrunnen

Janusbrunnen

WERKSTATTGALERIE
Rathausgasse 10 · 63739 Aschaffenburg · Tel.: 06021-27974

Folgen Sie nun weiter der Stiftsgasse, die sich ein wenig nach rechts wendet. Nach wenigen Metern erreichen Sie einen weiteren Brunnen, einen Bronzekopf mit zwei Gesichtern, der auf der Seite liegt. Auch er wurde von Helmut Massenkeil gestaltet. Es ist der Janusbrunnen, benannt nach dem römischen Gott Janus, der in der römischen Mythologie als Gott des örtlichen und zeitlichen Eingangs, insbesondere der Türe und Tore steht. Der Monat Januar verdankt ihm seinen Namen. In der Nähe der meisten Brunnen finden Sie übrigens kleine Kunststofftafeln befestigt, wo Sie Details zu dem jeweiligen Brunnen bequem nachlesen können.

Schenken Sie auch dem prachtvollen Fachwerkhaus auf der anderen Straßenseite Ihre Aufmerksamkeit. Laut Inschrift im Giebel wurde es 1601 gebaut und strahlt nach erfolgter Renovierung in neuer Pracht.

Nun wenden Sie sich nach rechts und folgen der Straße „Neben der großen Metzgergasse" bis zur Dalbergstraße. Der seltsame Name dieser Gasse erklärt sich aus dem früheren Namen der Dalbergstraße, die bis 1875 Große Metzgergasse hieß. Ihr Weg führt Sie nun rechts die Dalbergstraße hoch, am Theaterplatz und am Rathaus vorbei. Sollten die Bronzetüren des Rathauses offen stehen, nehmen Sie sich die Zeit, sie zu betrachten. Auf ihnen sind Ereignisse aus der Geschichte Aschaffenburgs dargestellt, geschaffen von dem Aschaffenburger Künstlerehepaar Ulrich-Jacobi. Über dem Eingang schwebt das Stadtwappen Aschaffenburgs.

Fachwerkhaus in der Dalbergstraße

Kunstvolle Rathaustüren

An der Stiftskirche vorbci gehen Sie die Dalbergstraße hinunter, überqueren an der Ampel die Landingstraße und stehen nun am Beginn der Fußgängerzone. Diese Stelle ist im Aschaffenburger Sprachgebrauch seit vielen Jahrhunderten das „Scharfeck“. Heute fließt der Verkehr hier weitgehend problemlos, doch bis Anfang des 20. Jahrhunderts trafen sich an dieser Stelle fünf Straßen. An der Stelle des reich verzierten Jugendstilhauses gegenüber stand ein Haus, das eine ganze Häuserbreite mehr in die Straße hineingebaut war. Für die Fahrzeuge ein „scharfes Eck“!

Um 1900 war dieser Platz das Verkehrs- und Kommunikationszentrum der Stadt, wo man sich traf, im Winter Maroni und im

Wohn- und Geschäftshaus am Scharfeck

Der Brentanobrunnen

Sommer Eis kaufen konnte und an dem die Dienstmänner auf einen Auftrag warteten.

Linker Hand, am Beginn der Herstallstraße, der „Herschelgass", können Sie im „Wurstbendel" gutbürgerliche Küche genießen. An der Buchhandlung Diekmann biegen Sie nun links in die Steingasse ein, die von vielen kleinen Ladengeschäften und Cafés gesäumt ist. Egal ob Sie lieber italienisch essen möchten, die asiatische Küche bevorzugen oder nur schnell eine warme Suppe zu sich nehmen möchten, hier finden Sie das Entsprechende. Etwa nach der Hälfte der Gasse führt rechter Hand ein großes Tor in einen Durchgang. Diesen betreten Sie, steigen die Treppen nach oben, an der Linde vorbei und stehen in einem Innenhof vor dem filigranen Brentanobrunnen. In die achteckige Brunnenschale, aus der ein schlanker Stamm in die Höhe wächst, plätschert das Wasser aus acht Röhren.

Detail am Brentanobrunnen

An der Spitze des Stammes, zu Füßen einer stilisierten Hecke, die die Form einer zur Hälfte geöffneten Knospe hat, sitzt ein schöner Jüngling. Im Gewirr der Blätter und Blüten verbirgt sich ein Mädchen. Der Aschaffenburger Bildhauer Bernhard Vogler hat hier eine Szene aus dem Märchen vom Myrthenfräulein dargestellt, das zu den italienischen Märchen des romantischen Dichters Clemens Brentano zählt. Es spielt in einem sandigen Land, wo wenig Grünes wächst. Dort hegt und pflegt der Prinz von Porzellania einen Myrthenstock so liebevoll, dass er darin die Gegenwart des wunderschönen Myrthenfräuleins zuerst nur ahnt und dann entdeckt. Nach schrecklichen Widerständen, nach Mord und Todschlag wird aus dem Prinz und dem Myrthenfräulein doch noch ein Paar. In den Rand der Schale ist das Liebeslied des Prinzen aus dem Märchen eingraviert.

Hörst du wie die Brunnen rauschen,
Hörst du wie die Grille zirpt?
Stille, stille, lass uns lauschen,
Selig, wer in Träumen stirbt.

Selig, wen die Wolken wiegen,
Wem der Mond ein Schlaflied singt,
O wie selig kann der fliegen,
Dem der Traum den Flügel schwingt,

Dass an blauer Himmelsdecke
Sterne er wie Blumen pflückt:
Schlafe, träume, flieg', ich wecke
Bald dich auf und bin beglückt.

Welche Verbindung hatte Clemens Brentano (1778–1842), der gemeinsam mit seinem Schwager Achim von Arnim die Liedersammlung „Des Knaben Wunderhorn" veröffentlichte, zu Aschaf-fenburg? Der Dichter verbrachte die letzten drei Wochen seines Lebens bei seinem Bruder Christian in Aschaffenburg und verstarb hier. Seit jener Zeit befindet sich die Familiengruft der Brentanos auf dem Altstadtfriedhof.

Der Zeitwagen

Wolfsthalplatz

Durch das große Tor gegenüber verlassen Sie die Passage und stehen nach wenigen Schritten abermals vor einem Brunnen, dem Zeitwagen.

Der Gegensatz zwischen diesem Brunnen und dem Brentanobrunnen könnte kaum größer sein. Mit dem Zeitwagen, einem aus verschiedenen Bronzefiguren bestehenden Brunnen, hat der Künstler Rainer Stoltz ein eindrucksvolles Werk geschaffen. Es begrenzt nach Süden den Wolfsthalplatz, den Platz der ehemaligen Synagoge. In der Reichskristallnacht im November 1938 drangen SA-Leute in die Synagoge ein und legten Feuer. Das im maurisch-orientalischen Stil im Jahre 1893 fertiggestellte Gebäude mit einer Kuppel von 10 Metern Durchmesser brannte vollkommen aus. Nachdem das Grundstück der ehemaligen Synagoge in den Besitz der Stadt Aschaffenburg gekommen war, wurde dieser Platz in Wolfsthalplatz umbenannt – nach dem jüdischen Bankier und Wohltäter Otto Wolfsthal (1872–1942). Er stand in hohem gesellschaftlichem An-

Gedenktafel am früheren Standort der Synagoge

sehen und stiftete u. a. das erste öffentliche Röntgengerät der Stadt. Um der Deportation nach Theresienstadt zu entgehen, vergiftete sich Otto Wolfsthal im September 1942 zusammen mit sechs Familienangehörigen.

1984 wurde dieser Platz als Gedenkstätte neu gestaltet. An der Stelle der Synagoge wurde ein Platanenhain angelegt. Im ehemaligen jüdischen Gemeindehaus, vor dem der Brunnen steht, befindet sich heute das Museum jüdischer Geschichte und Kultur.

Sicher sind Ihnen auf dem Weg durch die Stadt immer mal wieder messingfarbene, quadratische Steine aufgefallen, in die Namen und Daten eingeprägt sind. Der Künstler Gunter Demnig verlegte diese „Stolpersteine“ als Erinnerung und Mahnung vor den Orten, wo NS-Opfer lebten oder arbeiteten.

MUSEUM JÜDISCHER GESCHICHTE UND KULTUR
Treibgasse 20 · 63739 Aschaffenburg · Tel.: 06021-386740
Öffnungszeiten: Mi. 9 – 16 Uhr, Do. 14 – 18 Uhr
Jeden ersten So. im Monat 14 – 16 Uhr
Neujahr, 24., 25. & 31.12. geschlossen · Eintritt frei

Rainer Stoltz hat in seinem Brunnen die Begriffe Wasser und Zeit gleichgesetzt. Wasser steht als Sinnbild von Fluss und Richtung der Zeit. Adam und Eva verkörpern auf dem Wagen das Menschengeschlecht, das im Fluss der Zeit treibt.

Gehen Sie nun an dem Platz vorbei, Richtung Sparkasse und durchqueren Sie die Passage. Nach wenigen Metern stehen Sie an der Friedrichstraße, einer der verkehrsreichsten Innenstadtstraßen, die Sie an der Fußgängerampel überqueren.

Rechter Hand „unterhalten" sich zwei Köpfe aus hellgrauem, afrikanischem Impala-Granit mithilfe von Wasserfontänen. Die Bildhauerin Helena Papantonioy hat mit diesem Brunnen, der den sinnigen Namen „Meinungsaustausch am Stadtgraben" trägt, das Thema Kommunikation auf ganz neue, peppige Art umgesetzt. Haben die beiden Köpfe ihr Geplauder beendet, schießen in der Mitte drei weitere Fontänen nach oben. Vielleicht haben Sie ja Zeit und Lust, sich auf eine der Bänke zu setzen und dem Meinungsaustausch zuzuschauen. Oder Sie freuen sich an den Kindern, die diesen Brunnen lieben und ihn begeistert und voller Fantasie für ihre Spiele nutzen.

Hier, mitten im Herzen Aschaffenburgs, endet der Spaziergang. Sollte Ihnen nun der Sinn nach Kaffee und süßen Pfannkuchen stehen, suchen Sie sich ein bequemes Plätzchen ein paar Schritte weiter im Café Pfannkuchen direkt neben dem Herstallturm. Auf der gegenüberliegenden Straßenseite an der Ecke zur Frohsinnstraße können Sie sich im Cena Elements mit internationaler Küche verwöhnen lassen oder sich bei einem ausgedehnten Sonntagsbrunch stärken.

Meinungsaustausch am Stadtgraben

Rund ums Schloss

Spaziergang zwischen Schloss und Pompejanum

Nähert man sich Aschaffenburg von Süden oder Westen, fallen dem Besucher zwei bemerkenswerte Gebäude ins Auge: das Schloss Johannisburg und das Pompejanum, der Nachbau einer römischen Villa aus Pompeji. Bei einem Spaziergang rund um diese beiden Sehenswürdigkeiten gibt es aber noch viel mehr zu entdecken.

Rund ums Schloss

Spaziergang zwischen Schloss und Pompejanum

Strecke: mehrere Treppen, ca. 1,5 km

Beginnend am Marktplatz führt dieser Rundgang zum Pompejanum und am Mainufer zurück zum Schloss.

Ausgangspunkt für diesen Spaziergang ist der Marktplatz zwischen der Stadthalle und dem Schloss Johannisburg. Jeden Mittwoch- und Samstagvormittag findet hier vor der malerischen Kulisse des Schlosses der Wochenmarkt statt. Vielfältig ist das Angebot der Marktbeschicker aus der Region. Gemüse, Blumen und Kartoffeln sind hier ebenso zu finden wie Käse, Wurst, Backwaren, Eier und Geflügel, nicht zu vergessen Feinkost und Spezialitäten.

Buntes Markttreiben

Sollten Sie Informationen für Ihren Aufenthalt in Aschaffenburg benötigen, sind Sie in der Touristinformation direkt hier vor Ort an der richtigen Stelle. Die freundlichen Damen helfen Ihnen gerne weiter. Vom Restaurant „Lebenswert“ aus oder vom Café am Markt können Sie bei einer Tasse Kaffee und einem leckeren Stück Kuchen das bunte Markttreiben verfolgen. Auf Ihrem Weg an der Stadtbibliothek vorbei Richtung Agathaplatz fällt Ihnen gleich links ein hübsches, kleines Haus ins Auge, das Bechtoldhaus. Erbaut Mitte des 18. Jahrhunderts, wurde es nach dem Freskomaler Bechtold benannt, der es mit seiner Familie und seinen elf Kindern bewohnte. Es ist das einzige Bürgerhaus in Aschaffenburg mit einer

Vom Marktplatz führt der Weg zum Agathaplatz

Das Bechtoldhaus

Die Agathakirche

Fassade im Rokokostil, das erhalten geblieben ist.

Auf der Nordseite wird der Platz von der Agathakirche begrenzt, die nach der Zerstörung im Zweiten Weltkrieg 1962 an alter Stelle neu erbaut wurde. Zum ersten Mal geschichtlich erwähnt wurde sie allerdings schon Ende des 12. Jahrhunderts, „extra muros“ liegend, also außerhalb der Stadtmauern.

Ganz so alt ist das rote Haus, das rechter Hand liegt und heute die „Weinstube Kitz“ beherbergt, nicht, doch auf eine mehr als 200 Jahre alte Geschichte kann der ehemalige Adelshof

Historisches Weinhaus Kitz

von 1803 auch zurückblicken. Eine Treppe führt in die Gasträume, in denen man vorzüglich speisen und ausgezeichnete Weine genießen kann. Da die Plätze sehr begehrt sind, empfiehlt sich eine rechtzeitige Reservierung. Besonders gemütlich sitzt man im Sommer im romantischen Innenhöfchen.

WEINSTUBE KITZ

Treibgasse 19 · 63739 Aschaffenburg · Tel.: 06021-23326
Öffnungszeiten: Mo. – Sa. ab 17 Uhr, So. & Feiert. 17 – 22 Uhr

An der Ampel am Ende des Platzes queren Sie die Straße und gehen geradeaus weiter durch die Karlstraße. Nach wenigen Metern stehen Sie auf der linken Straßenseite vor dem italienischen Feinkostgeschäft „Il Pastaio“. Hausgemachte Nudeln, Ravioli oder Gnocchi finden seit 1992 hier ebenso reißenden Absatz wie Käse, Trüffel, Öl oder Wurstwaren. Im Übrigen gibt es von Dienstag bis Freitag im „Il Pastaio“ auch die Möglichkeit, zur Mittagszeit frische Pasta zu genießen. Wenn das Wetter mitspielt, sogar mit Blick auf das Schloss.

Italienisches Feinkostgeschäft „Il Pastaio“

Der Straße weiter folgend gelangen Sie zur Kapuzinerkirche St. Elisabeth. Ebenso wie die Jesuiten kamen die Kapuziner auf Wunsch des Kurfürsten Schweikard von Kronberg nach Aschaffenburg. Auf dem Gelände, das er ihnen schenkte, erbauten sie 1626 ein Kloster und eine Kirche. Nach einem Brand und Zerstörungen in den folgenden Jahrhunderten wurde die Kirche wieder aufgebaut, umgebaut und renoviert. 2010 verließen die letzten der verbliebe-

Kapuzinerkirche

Der hl. Franziskus vor der Kapuzinerkirche

nen Kapuziner Aschaffenburg, und das Bistum Würzburg erwarb das Kloster. Nach Sanierung und Modernisierung zog drei Jahre später die franziskanische Gemeinschaft von Betanien dort ein, die nun die alten Mauern wieder mit Leben füllt.

Nun wenden Sie sich nach links, gehen entlang der Klostermauer Richtung Main und betreten durch ein schmiedeeisernes Tor den Schlossgarten, wo Sie sich wieder nach rechts wenden und auf verwunschen wirkenden Wegen bis zum Frühstückstempel gehen, dem runden, weißen Gebäude auf einem Vorsprung über dem Main. Hier stand ehedem ein Turm der alten Stadtbefestigung, bis Kurfürst Friedrich Carl von Erthal ihn Ende des 18. Jahrhunderts beseitigen ließ. Genießen Sie den Ausblick über den Main und das angrenzende Terrain, bevor Sie auf der Brücke den kleinen Bach überqueren, der im ehemaligen Stadtgraben fließt. Nach wenigen Metern stehen Sie vor dem römischen Haus, dem Pompejanum, das König Ludwig I. Mitte des 19. Jahrhunderts hier vor den Toren der Stadt errichten ließ. Als

Frühstückstempel

großer Anhänger der Antike ließ er es sich nicht nehmen, persönlich die Ausgrabungen in Pompeji zu besuchen. Begeistert von den archäologischen Funden beschloss er ein römisches Haus in Bayern nachbauen zu lassen. Sein Hofarchitekt Friedrich von Gärtner wurde damit beauftragt, ein geeignetes Vorbild zu suchen. Er wählte das Haus der Familie Nigidius, einer wohlhabenden Kaufmannsfamilie. Inzwischen hatte König Ludwig das damals

Das römische Haus

Am Pompejanum - ein Platz an der Sonne

Mediterranes Flair

noch außerhalb der Stadt gelegene Grundstück erworben, sodass 1840 mit dem Bau des Pompejanums begonnen werden konnte. Man stellte jedoch nicht einfach ein römisches Haus in eine fränkische Landschaft, sondern passte die Umgebung des Hauses dem Süden an: Kiefern ersetzten Pinien, Mandel- und Feigenbäume fanden hier ihren Standort, an dem sie im Übrigen auch überwintern, Agaven verschönern die Terrasse und zwei Pappeln am Mainufer ersetzen die nicht winterfesten Zypressen.

Schließlich legte man unterhalb des Pompejanums einen Weinberg an, auf dem die Rieslingtrauben für den Pompejaner wachsen, einen Wein, den Sie nicht so ohne Weiteres im Handel erwerben können. Er wird nur bei offiziellen Anlässen der Stadt ausgeschenkt oder als Geschenk für besondere Ehrentage wie Goldene Hochzeit oder z. B. einem 90. Geburtstag überreicht.

Fertig war der Nachbau der römischen Villa 1848, das Jahr, in dem der Erbauer des Hauses, König Ludwig I., wegen seiner Affäre mit der Tänzerin Lola Montez abdanken musste.

Weinberg und Pompejanum

Im Zweiten Weltkrieg erheblich zerstört, zeigt sich das Pompejanum seit 1994 wieder in voller Pracht. Wenn Sie nicht gerade montags oder im Winter hier vorbeikommen – dann ist das Pompejanum nämlich geschlossen – sollten Sie es nicht versäumen, dieses Haus auch von innen zu besichtigen. Atrium, Innenhof, kunstvolle Mosaiken und farbenprächtige Wandmalereien zeigen auf beeindruckende Weise, in welchem Ambiente wohlhabende römische Familien lebten.

POMPEJANUM
Pompejanumstraße 5 · 63739 Aschaffenburg · Tel.: 06021-218012
Öffnungszeiten: April – September 9 – 18 Uhr · Oktober 10 – 16 Uhr
Mo. geschlossen · November – März geschlossen
Eintrittspreise: 5,50 € regulär · 4,50 € ermäßigt
Kombikarte Schloss Johannisburg/Pompejanum: 7 € · 5 € ermäßigt
Führungen: jeden Sonntag 15 Uhr
Führungsgebühr: 4,50 € zzgl. Eintritt

Ein unvergleichlicher Blick

Beim Verlassen des römischen Hauses bietet sich Ihnen ein unvergleichlicher Ausblick auf das Schloss Johannisburg, einer der „Schokoladenblicke“ unserer Stadt. Gleich rechts um die Ecke geht es weiter durch den Schlossgarten zur St.-Germain-Terrasse, benannt nach Aschaffenburgs französischer Partnerstadt. Vorbei an zwei Brunnen und Skulpturen moderner Kunst gelangen Sie bis ans Ende der Anlage und gehen dort die Treppe am Weinberg entlang zum Main hinunter. Auf halber Höhe speien drei Sandsteinfratzen Wasser in die vor ihnen liegenden Becken. Die Masken befanden sich ursprünglich unter den Balkonen der Schlosstürme. Nach den dortigen Kriegsbeschädigungen fanden sie hier neue Verwendung.

Auf der St.-Germain-Terrasse

Nach dem Verlassen des Weinbergs wenden Sie sich nach links und folgen dem Mainuferweg Richtung Schloss. Da er ein Teil des Mainradweges ist, der bis nach Mainz führt, wird er nicht nur von Spaziergängern benutzt, sondern auch gerne von Radfahrern. Seien Sie entsprechend vorbereitet! Vor allem an der schmalsten Stelle, wo der Weg leicht bergab und um den Felsen herumführt, der ein Stück weit in den Fluss ragt. An dieser unübersichtlichen Stelle steigen nicht alle Radfahrer ab, um ihr Rad zu schieben! Nun sehen Sie links oben den Frühstückstempel über der Schlossgartenmauer thronen. Wenige Meter weiter stehen Sie vor dem Theoderichstor, einem der ältesten Stadttore Aschaffenburgs. Über ihm verlief einst ein Wehrgang zur Verteidigung der Stadt. Ihn ließ Kurfürst Erthal Ende des 18. Jahrhunderts in einen romantischen Laubengang umgestalten. An der linken Torseite sind die Hochwasserstände des Mains markiert.

Engstelle am Pompejanumfelsen

Der Main bestimmte schon immer das Leben in Aschaffenburg mit, von jeher war der Fluss die Lebensader der Stadt. Ihm verdankt sie ihre Entstehung, denn an der Stelle, wo heute die Willigisbrücke, die mittlere Brücke, den Fluss überspannt, führte eine alte Handelsstraße von Süd nach Nord durch den damals an dieser Stelle nur etwa knietiefen Fluss. Hier ließ sich gut Tauschhandel betreiben. Das erkannten auch die Alemannen und ließen sich etwa im 5. Jahrhundert hier nieder, der Beginn von ascaphaburc (althd.), dem heutigen

Theoderichstor mit Hochwassermarken

Treppe zum Schloss Johannisburg

Aschaffenburg. Auf die Alemannen folgten die Franken.

Viele Menschen lebten mit und von dem Fluss, die Fischer, die hier früher „Kumbeern" genannt wurden, ebenso wie die Schiffer und Flößer, die Holz aus dem Spessart auf dem Main bis in die Niederlanden flößten.

Vom Theoderichstor aus gelangen Sie nun auf mehreren Wegen in die Stadt oder zum Schloss zurück. Sie können durchs Tor gehen und geradeaus den Karlsberg hoch. Dann kommen Sie wieder zum Agathaplatz. Oder Sie wenden sich nach dem Tor nach rechts, gehen am Fuße der Schlossmauer und am

Biergarten am Main

Parkplatz entlang bis zu der Treppe, die Sie direkt nach oben ans Schloss führt.

Möchten Sie sich aber nach Ihrem Spaziergang stärken, dann finden Sie während der Sommermonate im idyllischen Biergarten direkt am Theoderichstor dazu den geeigneten Platz. Bei einem kühlen Bier, Radler oder erfrischendem Wasser und Kleinigkeiten wie Brezel oder heiße Würstchen kehren die Lebensgeister zurück. Danach spazieren Sie auf dem neu angelegten Schlossuferweg weiter am Main und dem Perth Inch entlang, benannt nach der schottischen Partnerstadt. Diese Rasenfläche wird vor allem im Sommer lebhaft genutzt, sei es zum Picknicken, Ballspielen oder einfach zum Ausruhen. Kinder lieben den großen, oberhalb gelegenen Spielplatz. Von hier führt auch ein Fahrrad- und Fußgängerweg ohne Treppen hinauf zum Schloss.

Urlaubsstimmung am Main

Kunst, Kino, Musik und Theater - von allem etwas

Quer durch die Stadt

Vielfältig sind die Angebote der Kulturstadt Aschaffenburg, um den unterschiedlichen Erwartungshaltungen gerecht zu werden. Sei es klassisches Theater, moderne Kunst, Programmkino oder zeitgenössische Musik des Rock, Jazz oder Pop vom Feinsten, für jeden Geschmack ist etwas dabei. Bei einem Spaziergang quer durch die Stadt lernen Sie diese unterschiedlichen Kulturstätten kennen.

Kunst, Kino, Musik und Theater - von allem etwas

Quer durch die Stadt

Strecke: 1,7 km, weitgehend eben, eine Steigung

Beginnend im Bahnhofsviertel führt diese Route quer durch die Stadt und endet am Stadttheater.

Der Spaziergang beginnt am Regionalen Omnibusbahnhof (ROB). Direkt gegenüber steht ein hellgelbes Haus mit einem eisernen Balkon im 1. Stock, das Geburtshaus des Malers Ernst Ludwig Kirchner. Hier verlebte der Maler, der zu den Gründungsmitgliedern der Künstlergruppe „Brücke" zählt und ein wichtiger Vertreter

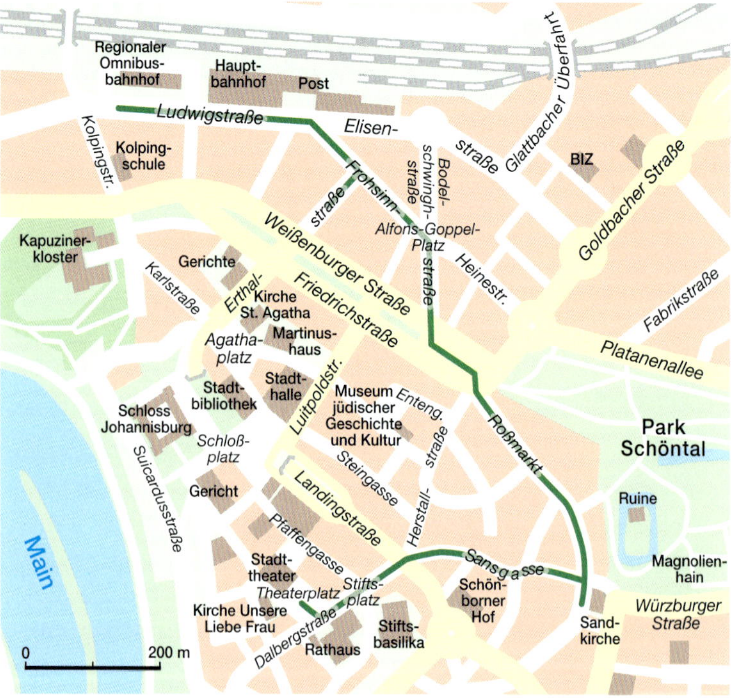

des Expressionismus ist, die ersten fünf Jahre seiner Kindheit. Seinen Aufzeichnungen ist zu entnehmen, dass ihn diese Jahre für sein künstlerisches Schaffen entscheidend geprägt haben, denn hier begann er mit dem Zeichnen, dem Zeichnen von Lokomotiven, die er vorbeifahren sah. *„Ich bin am Bahnhof geboren. Das erste, was ich im Leben sah, waren die fahrenden Lokomotiven und Züge, sie zeichnete ich, als ich drei Jahre alt war."* (1930, Davoser Tagebuch)

Das KirchnerHAUS

Erbaut im 19. Jahrhundert überstand dieses Haus die beiden Weltkriege nahezu ohne Schäden. Dennoch erfuhr es in den vergangenen Jahrzehnten verschiedene Änderungen und Nutzungen. Dank des Engagements des KirchnerHAUS-Vereins Aschaffenburg, gegründet 2011 von kunstinteressierten Aschaffenburgern, wurde das Haus denkmalgerecht saniert. Seit 2013 befindet sich in der ehemaligen Wohnung der Familie Kirchner im 1. Obergeschoss ein Dokumentationsraum zur Kindheit Kirchners. In den Erdgeschossräumen finden wechselnde Ausstellungen und Vorträge statt.

KIRCHNERHAUS MUSEUM · Ludwigstraße 19 · 63739 Aschaffenburg
Tel. während der Öffnungszeiten: 06021-5809250
Öffnungszeiten: Di., Do. – Sa. 14 – 17 Uhr, Mi. 16 – 19 Uhr, So. 11 – 17 Uhr
Mo. geschlossen

Ernst Ludwig Kirchner: Ernst Ludwig Kirchner, einer der bedeutendsten Künstler des Expressionismus, wird am 6. Mai 1880 in Aschaffenburg geboren und verbringt dort die ersten fünf Jahre seines Lebens. 1905 gründet er gemeinsam mit Erich Heckel, Fritz Bleyl und Karl Schmidt-Rottluff die Künstlervereinigung „Brücke". Von den Nationalsozialisten wird sein Werk als entartet gebrandmarkt, seine Gemälde werden aus den Museen entfernt und beschlagnahmt. Gesundheitlich angeschlagen nimmt sich Kirchner am 15. Juni 1938 in Davos das Leben.

Graffiti-Kunstobjekt: Kirchner als Kind

Neuer, moderner Hauptbahnhof

Ernst Ludwig Kirchner begegnen Sie noch einmal, wenn Sie nun weiter Richtung Hauptbahnhof gehen. Auf der Außenwand der Zufahrt des Parkhauses prangt seit März 2015 ein farblich verfremdetes Kinderfoto des Künstlers als Graffiti.

Seit einigen Jahren besitzt Aschaffenburg diesen neuen, modernen Hauptbahnhof. Das alte Bahnhofsgebäude, das den im Zweiten Weltkrieg zerstörten Bau von 1854 ersetzte, war in die Jahre gekommen. Im Januar 2011 wurde der neue Bahnhofskomplex feierlich eröffnet. Da das repräsentative Empfangsgebäude barrierefrei ist, können sich Rollstuhlfahrer dort ebenso problemlos bewegen wie Blinde oder Familien mit Kinderwägen. Aufzüge ermöglichen den Zugang zu allen Bahngleisen. Hier und in der Passage zum Omnibusbahnhof finden die Reisenden diverse Läden, um sich mit Reisebedarf einzudecken oder den kleinen Hunger zu stillen.

Auch wenn Sie niemanden

Eingangshalle des Hauptbahnhofs

Heller Durchgang zu den Gleisen, mit Kunstwerken geschmückt

im nördlichen Stadtteil Aschaffenburgs, in Damm, besuchen wollen, lohnt sich der Weg hinunter in den Tunnel, der zu den Bahngleisen und zum Dammer Tor Carré, einem kleinen Einkaufszentrum, führt. Licht und hell präsentiert sich der Durchgang den Besuchern und Reisenden. Hier ist nichts trist oder dunkel. Kunstwerke schmücken die gekachelten Wände und ziehen den Blick auf sich. Im ersten Teil des Tunnels erkennt man die Jahreszeiten, gestaltet von dem bekannten Aschaffenburger Künstler Siegfried Rischar. Im zweiten Teil schweben auf den Kacheln nicht nur Luftballons, Schmetterlinge und Pusteblumen in die weißen Wolken am blauen Himmel, sondern auch ein geflügeltes Hermes-Rad und eine Fahrkarte. Dass die Motive der Künstlerin Jo Zeh-Kosanke auf eigens

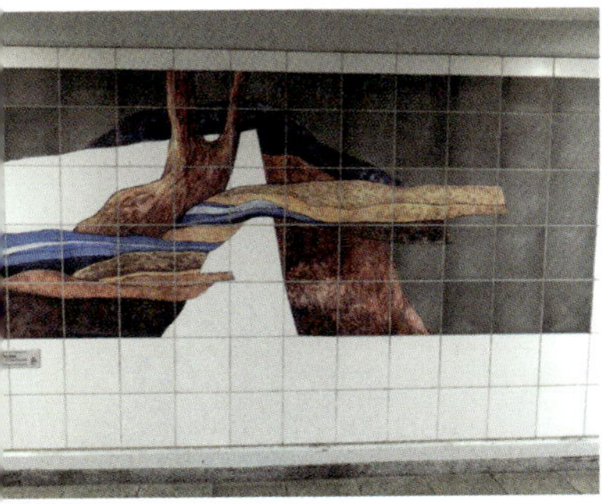

Das Herbstbild

Fliegende Decke

Hauptpost im Stadtpalais

Blick vom Bahnhofsgebäude in die Frohsinnstraße

angefertigten Fliesenunikaten diesen Tunnel verschönern, ist großzügigen Spendern zu verdanken. 2012 erhielt der Hauptbahnhof Aschaffenburg als kundenfreundlichster Bahnhof die Auszeichnung Bahnhof des Jahres (in der Kategorie Kleinstadtbahnhof bis 100.000 Einwohner), was auf einer Messingtafel in der Eingangshalle dokumentiert ist.

Kehren Sie zurück in die Eingangshalle und treten Sie unter dem imposanten Flugdach hinaus ins Freie. Im Stadtpalais, dem Sandsteingebäude auf der linken Seite, sind neben der Hauptpost zahlreiche Arztpraxen untergebracht.

Queren Sie direkt vor dem Bahnhofsgebäude die Ludwigstraße

Erthaltheater

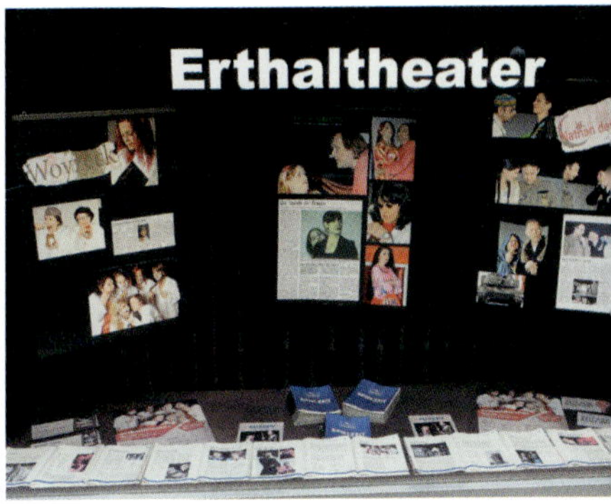

Schaufenster des Erthaltheaters

und folgen Sie nun der Frohsinnstraße. Sie ist eine typische Einkaufsstraße, gesäumt von Läden unterschiedlichster Couleur. Nach etwa fünfzig Metern zweigt rechts die Erthalstraße ab. Dort befindet sich gleich links nach der Apotheke das kleine, aber feine Erthaltheater. Das Ensemble dieses kleinen Theaters überzeugt in seinen Stücken. Man merkt sofort, dass jedes Mitglied mit Engagement und Herzblut dabei ist, sei es bei klassischen Stücken, die gern auch zeitgemäß interpretiert werden oder bei der Aufführung moderner Werke.

ERTHALTHEATER
Erthalstraße 16 · 63739 Aschaffenburg · Tel.: 0151-9325847

Zurück in der Frohsinnstraße folgen Sie ihr stets weiter bis zur Weißenburger Straße. Vorbei am Restaurant Cena Elements, an Mode-, Brillen- und Schmuckgeschäften überqueren Sie am Herstallturm die beiden Straßen. Am Beginn der Fußgängerzone biegen Sie nach links in den Rossmarkt ab. Nach wenigen Metern stehen Sie neben einem eher unscheinbaren Gebäude, einem Musikclub, dem Colos-Saal. Nichts deutet von außen darauf hin, dass dieser Club überregional, ja deutschlandweit bekannt ist. Schon viermal wurde der Club in den letzten Jahren bundesweit ausgezeichnet, darunter zweimal mit dem Spielstättenpreis „Applaus". Begonnen hatte alles im Jahre 1984, als Claus Berninger mit seinem mittlerweile verstorbenen

Musikclub Colos-Saal

Bruder Günther gleich nebenan im Klimperkasten (heute „Alohabar“) eine Gaststätte eröffnete und dort regelmäßig Live-Konzerte aus Soul, Funk, Hip-Hop, Reggae und Jazz anbot. Nach wenigen Jahren wurde der Klimperkasten zu klein und man zog nach nebenan. Außerdem erhielten Claus Berninger und sein engagiertes Team 2015 den Kulturpreis der Stadt Aschaffenburg, der „als Anerkennung besonders hervorragender Leistungen im Bereich des Kulturlebens der Stadt Aschaffenburg“ verliehen wird. Bei einem Blick ins Programm des Colos-Saals könnten Sie durchaus Entscheidungsschwierigkeiten bekommen, so vielfältig und abwechslungsreich sind die Angebote.

COLOS-SAAL
Rossmarkt 19 · 63739 Aschaffenburg · Tel.: 06021-27239

Kleinere und größere Geschäfte säumen Ihren Weg durch den Rossmarkt, bis Sie schließlich auf die Sandkirche stoßen. Hier war ursprünglich die Stadt zu Ende, denn das Tor, das den Unterbau des Kirchturms bildet, war früher ein Teil des Stadttores. Eine Sage erzählt, dass das Gnadenbild, das in der Kirche hängt, einst hier unter den Zwiebeln einer weißen Lilie gefunden worden war. Deswegen heißt die Sandkirche auch „Kirche zur weißen Lilie“. Nachdem immer mehr Wallfahrer zu der mittlerweile dort erbauten Kapelle kamen, wurde ein größerer Kirchenbau notwendig, der 1756 verwirklicht wurde. Im Inneren finden Sie nicht nur eine reichhaltige Rokokoausstattung, sondern gleich links auch eine sogenannte Jahreskrippe, also eine Krippe, die nicht nur die Geburt Jesu, sondern über das Jahr verteilt unterschiedliche Szenen aus dem Evangelium zeigt. Der Eingang zur Kirche befindet sich unter dem Torbogen.

Die Sandkirche

Von hier aus gehen Sie wieder Richtung Innenstadt durch die Sandgasse, die ihren Namen von dem Sand erhielt, den der Welzbach einst hier anschwemmte. Nach wenigen Metern sehen Sie rechts das Programmkino „Casino". Zum zweiten Mal nach 2009 wurde es im Jahre 2015 vom Film Fernseh Fonds Bayern (FFF) zum besten Kino Bayerns gekürt. Kein anderes bayerisches Kino erhielt bisher diesen Preis zweimal. Seit 2004 zeigt das Casino in seinen zwei Sälen und dem kleinen Salon fast ausschließlich Filme fern des Mainstreams. Christopher Bausch, der Kinobetreiber, setzt aber nicht nur auf anspruchsvolle, attraktive Fil-

Der Kirchenraum der Sandkirche

Blick in die Sandgasse

Das Programmkino Casino

me, sondern sorgt auch mit Themenabenden und speziellen Angeboten für Kinder und Familien für eine Bereicherung der Kulturszene Aschaffenburgs. Im angeschlossenen Café kann man nach dem Kinobesuch bei Snacks und Getränken den Film diskutieren oder auch einfach den Abend genießen.

CASINO
Ohmbachsgasse 1
63739 Aschaffenburg
Tel.: 06021-4510772

Auf Ihrem Weg weiter durch die Sandgasse kommen Sie bald am Café Hench vorbei, einer Institution in Aschaffenburg. Seit mehr als 100 Jahren versorgt dieser Familienbetrieb die Aschaffenburger mit schmackhaften Backwaren, Kuchen und Torten, nicht zu vergessen die leckeren Elisenlebkuchen. Mittlerweile steht schon die fünfte Generation hinter dem Verkaufstresen. Doch nicht nur für ihre Backwaren ist die Familie Hench bekannt, sondern auch für ihren Sinn für Kunst und Musik. Unter der Ägide von Seniorchefin Sieglinde Hench entwickelte sich das Café quasi zu

Café Hench

einer kleinen Galerie mit wechselnden Ausstellungen Aschaffenburger Künstler. Vielleicht haben Sie ja Glück und in den Tagen, die Sie in Aschaffenburg verbringen, gibt es gerade etwas Spezielles im Café Hench.

CAFÉ HENCH
Sandgasse 15 · 63739 Aschaffenburg · Tel.: 06021-9201806
Öffnungszeiten: Mo. – Fr. 7.30 – 18.30 Uhr, Sa. 7.30 – 18 Uhr
So. 10 – 18 Uhr

Gehen Sie weiter bis die Herstallstraße, Aschaffenburgs traditionelle Einkaufsstraße, auf die Sandgasse stößt. Queren Sie an der Ampel die Landingstraße, den Landing wie die Aschaffenburger sagen, und folgen Sie der Dalbergstraße hoch in die Altstadt, vorbei an Stiftskirche und Rathaus bis zum Theaterplatz. Die Glasfassade, die den Theaterplatz dominiert, gehört zum Theaterrestaurant „Jedermann“. Das Theatergebäude selbst befindet sich dahinter. Fürstprimas Carl

Theodor von Dalberg ließ es 1811 im Hof des ehemaligen „Deutschen Hauses“ erbauen. Im Zweiten Weltkrieg wurde dieses Haus schwer zerstört, der Theater- und Zuschauerraum selbst blieb weitgehend intakt. Bald nach Kriegsende begann man wieder mit dem Spielbetrieb in einem Provisorium, das bis 1960 bestehen bleiben sollte. Erst dann wurde auf den alten Mauern ein neues Foyer gebaut. Der klassizistische Zuschauerraum, der etwa 500 Gästen Platz bietet, blieb trotz mehrerer Umbauten und Sanierungen in seiner Architektur weitgehend erhalten. So bestimmen heute noch die Säulen, die Ende des 19. Jahrhunderts in den Sitzrängen eingebaut wurden, den Saal. Seit 2011 präsentiert sich das Theater in seiner jetzigen Gestalt.

Aschaffenburg besitzt seit 1948 kein eigenes Ensemble mehr, doch das Kulturamt der Stadt Aschaffenburg entwirft jedes Jahr ein abwechslungsreiches Programm, mit dem alle Bereiche wie z. B. Schaupiel, Oper, Operette und Konzerte abgedeckt sind. Die Gastspiele finden in der Regel auf der Hauptbühne statt, doch kommen

Die Fassade von Stadttheater und Restaurant „Jedermann“

Haupteingang des Stadttheaters

bei Theaterexperimenten oder Lesungen auch die beiden kleineren Studiobühnen zum Einsatz.

Passend zum Haus leistet auch das Theaterrestaurant „Jedermann“ seinen Beitrag zur Kultur. Freitags gibt es dort abends Livemusik bei kostenfreiem Eintritt.

THEATERKASSE IM STADTTHEATER
Schlossgasse 8 · 63739 Aschaffenburg · Tel.: 06021-3301888
Öffnungszeiten: September bis Dezember Di. – Fr. 10 – 18 Uhr
Sa. 10 – 13 Uhr · Januar bis Juli Di. – Fr. 13 – 18 Uhr, Sa. 10 – 13 Uhr

JEDERMANN
Schlossgasse 8, 63739 Aschaffenburg, Tel.: 06021-7933489
Öffnungszeiten: Mo. – Fr. 17 – 24 Uhr, Sa. & So. 10 – 24 Uhr

Hier endet der Spaziergang zu Kunst und Kultur. Wenige Schritte trennen Sie von der Altstadt mit ihren gemütlichen Gaststätten oder von der Fußgängerzone mit ihren Geschäften. Sie müssen sich jetzt nur noch entscheiden!

Auf verschlungenen Wegen

Ein Spaziergang im Landschaftsgarten Schönbusch

Nur wenige Kilometer vor den Toren der Stadt liegt einer der ältesten englischen Landschaftsgärten Deutschlands, der Park Schönbusch. Vor mehr als 200 Jahren angelegt ist er mit seinen gut 160 Hektar ein wichtiges Naherholungsgebiet für Aschaffenburg und Umgebung. Kommen Sie mit auf einen Rundgang zum See, den Parkstaffagen, Wiesen und Hügeln und lassen Sie sich von der Natur bezaubern.

Auf verschlungenen Wegen

Ein Spaziergang im Landschaftsgarten Schönbusch

Die Geschichte des Parks Schönbusch beginnt im Jahre 1775, als der neu gewählte Kurfürst Friedrich Carl Joseph von Erthal das ehemalige Jagdrevier „Nilkheimer Wäldchen“ zu einem englischen Landschaftsgarten umgestalten lässt. Die Ideen dazu, die er zunächst von seinem Staatsminister Freiherr von Sickingen bekommt, lässt er von seinem Architekten Emmanuel d'Herigoyen umsetzen. Ab 1785 ist der wichtigste Gartengestalter jener Zeit, Friedrich von Sckell, der sich zuvor in England mehrere Jahre mit Landschaftsgärten im englischen Stil beschäftigt hatte, federführend in der Planung des Parks. Hier setzt er zum ersten Mal seine in England gewonnenen Erfahrungen in die Praxis um. Seen werden ausgehoben, Hügel aufgeschüttet, die durch Brücken verbunden sind, Parkstaffagen entstehen. Auch ein Tal der Spiele, gedacht für Erwachsene, wird angelegt.

Beliebtes Ausflugsziel: Park Schönbusch

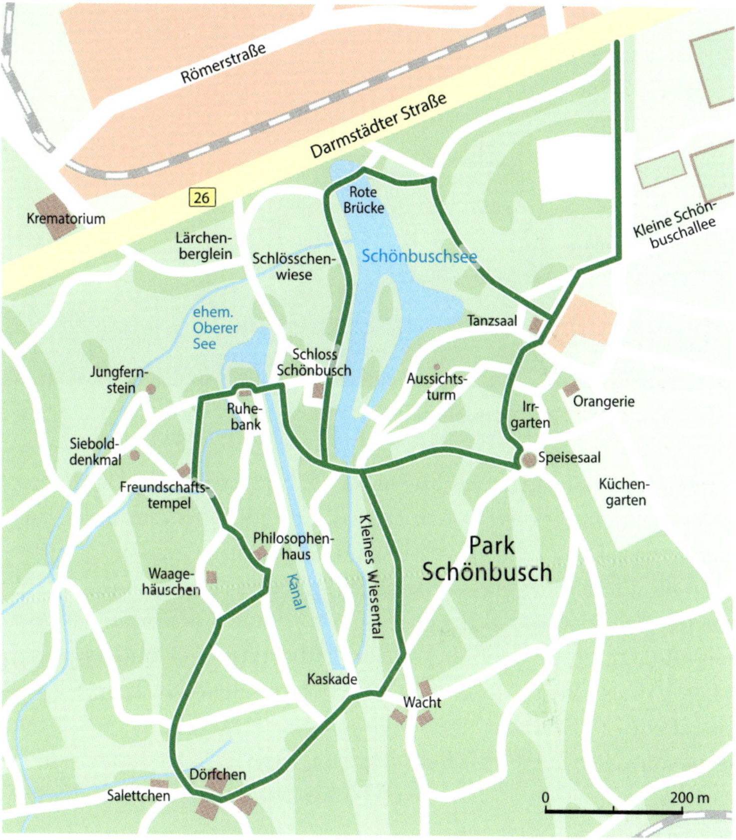

Später wird Friedrich von Sckell auch für die Anlage des Englischen Gartens in München und den Park in Schwetzingen verantwortlich sein.

Von Anfang an war der Schönbusch nicht nur dem Adel vorbehalten, sondern wurde auch den Bürgern, zumindest teilweise, zugänglich gemacht. Zu jeder Jahreszeit ist der Park heute ein beliebtes Ausflugsziel.

Strecke: ca. 4 km, eben
Buslinie 3, Haltestelle Schönbusch

Schönbusch-Restaurant mit sonniger Gartenterrasse

Von der Bushaltestelle aus folgen Sie dem Hinweisschild zum Park, gehen an den Parkplätzen entlang und wenden sich am Ende nach rechts zum Haupteingang des Parks. Das heutige Schönbusch-Restaurant, an dem Sie nun vorbeigehen, wurde 1783 als Wohnung für den Parkgärtner und als Parkwirtschaft gebaut. Entworfen wurde es wie alle Bauten im Schönbusch von Erthals Architekten Herigoyen. Hier können Sie zu jeder Tageszeit hervorragend speisen, bei entsprechender Witterung am besten auf der rechts liegenden Gartenterrasse mit unvergleichlichem Blick auf den See. Das Restaurant ist täglich geöffnet und bietet von Mai bis September jeden Dienstagabend ab 19 Uhr Livemusik.

SCHÖNBUSCH-RESTAURANT · Kulinarischer Schönbusch
Kleine Schönbuschallee 1 · 63741 Aschaffenburg · Tel.: 06021-448560
Öffnungszeiten Restaurant & Bistro: täglich 9 – 23 Uhr
Terrasse und Biergarten bei schönem Wetter

Sollten Sie nur Ihren Durst stillen oder eine deftige Kleinigkeit essen wollen, sind Sie im anschließenden Biergarten unter den schattigen Kastanien richtig. Auch hier gibt es von Mai bis August kostenlose Livemusik und zwar sonntags alle 14 Tage um 11.30 Uhr, vorausgesetzt, das Wetter passt. Bei schönem Wetter ist der Biergarten auch

Unter schattigen Kastanien

Spiel- und Kletterparadies

an den Wochenenden im Winter geöffnet. Direkt dahinter liegt der Erlebnisspielplatz, der jedes Kinderherz höher schlagen lässt.

Der folgende etwa 4 km lange Rundgang führt Sie auf verschlungenen Wegen in den Park hinein. Sollten Sie eine kürzere Variante bevorzugen, ist der Uferrundweg empfehlenswert, der um den See herum am Schlösschen vorbei und zurück zur Gaststätte führt. Er ist nicht zu übersehen. Wenn Sie den längeren Weg wählen, gehen Sie vom Biergarten aus geradeaus weiter, dem Schild *Festsaal* folgend. Linker Hand liegt der Irrgarten, in dem vermutlich schon jeder Aschaffenburger mindestens einmal den Weg zum Baum in der Mit-

Wer findet den Weg?

Auf der Beobachtungskanzel

te des Labyrinths gesucht hat. Wer sich nicht in die Irre führen lassen will, kann von der Beobachtungskanzel aus die Wegsuchenden beobachten oder ihnen den richtigen Weg weisen. Beides macht ziemlich viel Spaß! Während der Irrgarten zum ersten Mal 1829 auf einem Gartenplan erscheint, wurde die Beobachtungskanzel erst im 20. Jahrhundert gebaut. Weil die alte Holztribüne morsch geworden war, errichtete man 2011 eine neue. Auch das aus sieben konzentrischen Kreisen bestehende Heckenlabyrinth wurde seit Bestehen mehrmals saniert, zuletzt 2007. Dabei ersetzte man die alten Hecken durch neue Hainbuchenhecken.

Vom Irrgarten aus setzen Sie Ihren Weg fort und kommen nach wenigen Metern zu einem runden, rosa gestrichenen Gebäude, dem Speisesaal. Er wurde in den Jahren 1787–1789 errichtet und diente damals als Gesellschafts- und Festsaal. Hier wie an allen weiteren Bauten und Gebäuden im Park lohnt es sich, die Architektur genauer zu betrachten, denn Architekt Herigoyen gestaltete sie mit viel Liebe zum Detail. So entdeckt man unter anderem Figurennischen und Blumengirlanden, Urnen auf dem Dachsims und das Wappen des Bauherrn, Kurfürst von Erthal, über dem Haupteingang. Der Speisesaal wird auch heutzutage noch als Festsaal genutzt. Dort fin-

Im Speisesaal finden Konzerte statt

den im Sommer regelmäßig klassische Konzerte statt, die Schönbusch-Serenaden.

Folgen Sie dem Weg, biegen Sie nach wenigen Metern im rechten Winkel rechts ab und spazieren Sie am Fuße eines Hügels entlang, auf dem schon von Weitem ein Aussichtsturm zu sehen ist. Der 1790 errichtete hölzerne Turm wurde wegen Baufälligkeit nach 80 Jahren abgerissen und durch einen neuen, gemauerten Turm ersetzt. Verschiedene, notwendig gewordene Restaurierungen im 20. Jahrhundert verfälschten das ursprüngliche Erscheinungsbild des Aussichtsturms. Seit 2012 präsentiert sich der knapp

Der Aussichtsturm

Über die Teufelsbrücke zum Aussichtsturm

Blick auf den See

15 Meter hohe Turm wieder wie er vor mehr als 200 Jahren geplant worden war. Die Brücke, die bald zu sehen ist, verbindet zwei Hügel, die 1778 als wichtige Elemente der Landschaftsgestaltung 15 Meter hoch aufgeschüttet wurden. Seit 2008 leuchtet die Brücke, die Teufelsbrücke, wieder in der traditionellen weißen Farbe. Auch die Eichenbohlen der 18 Meter langen Brücke, die übrigens aus dem Schönbusch stammen, wurden ersetzt.

Am See angelangt, haben Sie die Möglichkeit, zum Aussichtsturm hochzugehen. Dazu wenden Sie sich nach rechts und steigen den Hügel hinauf, von wo aus Sie einen schönen Ausblick auf den Park haben. Der Turm selbst ist nur im Rahmen von Führungen zu besteigen.

Das Schloss Schönbusch, das Sie über die kleine Brücke erreichen, zieht unweigerlich die Blicke auf sich. Errichtet wurde es von 1778–1782 im klassizistischen Stil. Vor seinem Haupteingang stehend, sieht man in etwa drei Kilometer Entfernung das Schloss Johannisburg. Diese Sichtschneise darf bis heute nicht verbaut werden. Die zehn Innenräume, die in den Sommermonaten besichtigt werden können, sind im Stil Louis-seize eingerichtet. Durchstreift man sie, erhält man eine recht gute Vorstellung davon,

Ein bezaubernder Anblick: Schloss Schönbusch

wie ein Kurfürst Ende des 18. Jahrhunderts zu wohnen pflegte. Einen noch besseren Eindruck davon bekommen Sie bei der Kostümführung, die jeden Sonntag um 16 Uhr stattfindet.

In der Ferne Schloss Johannisburg

SCHLOSS SCHÖNBUSCH
Tel.: 06021-625478
Öffnungszeiten:
April - Anfang Oktober
Di. - So. 9 - 18 Uhr
Oktober - März geschlossen
Eintrittspreise: 3,50 € regulär
2,50 € ermäßigt
Führungen: stündlich
Dauer ca. 20 Minuten
Letzte Führung: 17 Uhr

Das Schlösschen von hinten, beleuchtet von der Herbstsonne

Umrunden Sie das Schlösschen, gehen Sie zurück zur Brücke und schlagen Sie dort den Weg scharf rechts ein. Ihm folgen Sie bis zur nächsten Wegkreuzung. Wenige Meter voraus entdecken Sie zwischen den Bäumen drei kleine Häuschen. Diese Gebäude, genannt die Wacht, sind ebenso wie das bald folgende Dörfchen Staffagebauten, um den Eindruck von ländlicher Idylle zu erzeugen. Rechter

Die Häuschen der Wacht

Hand liegen Felsstücke aufgetürmt, die Kaskade, um die herum sich ein kleiner Bach windet, der Ablauf des Kanals. Lassen Sie diese rechts liegen und spazieren Sie weiter. Immer wieder ergeben sich Durchblicke und Sichtachsen, die so geschickt angelegt wurden, dass es natürlich aussieht. Schon ist das Dörfchen in Sichtweite. Gemeinsam mit den schottischen Hochlandrindern, die das ganze Jahr hier grasen und als lebendige Rasenmäher eingesetzt sind, vermitteln diese kleinen Häuser durch ihre scheinbar zufällige Anordnung auch heute noch das Bild einer ländlichen Zufriedenheit, wie dies schon vor 200 Jahren beabsichtigt war. Am Ende des Dörfchens biegen Sie in den ersten Weg rechts ein und folgen ihm, bis rechter Hand ein rosafarbenes Gebäude durch die Bäume schimmert. Hier zweigen Sie ab und stehen bald darauf vor dem Philosophenhaus. Entstanden zwischen 1785 und 1787 sollte es eine Stätte der Einsamkeit und der Besinnlichkeit sein. Die Hemlockstannen rund um den Bau unterstreichen diese Stimmung.

Das Philosophenhaus

Westlich des Philosophenhauses lag früher das Tal der Spiele, in dem sich Spielgeräte für Erwachsene befanden. So gab es u. a. einen Vogelschießplatz, ein Kegelspiel, eine Schaukel, ein Karussell und nicht zu vergessen den Maulaff. Sicher kennen Sie den Ausdruck „Maulaffen feil halten“. Dann haben Sie schon eine ganz gute Vorstellung von dieser Holzfi-

Der Maulaff im Schlossmuseum

Der Freundschaftstempel

gur, deren Original heute im Schlossmuseum steht. Sie stellt einen Spessartbauern in der Tracht des ausgehenden 18. Jahrhunderts dar. In den weit geöffneten Mund warf man beim Spiel Bälle, die in einen Beutel am offenen Rücken der Figur rollten. Im Besucherzentrum des Parks ist eine Kopie des Maulaffs aufgestellt.

Nun folgen Sie dem Weg nach links und gelangen bald zum Freundschaftstempel. Über dem Eingang, der von zwei Steinbänken flankiert wird, steht die Inschrift *Der Freundschaft*. Im Giebel ist ein Dreigesicht mit Krone zu erkennen, das vielleicht die Göttin Hekate darstellt. Rechts weitergehend lädt Sie nach wenigen Metern eine weiße Rundbank um eine Silberpappel zur Rast ein. Von hier aus hatte man zu Beginn des 19. Jahrhunderts

Rundbank …

… und Liebesbeweise

Über die Rote Brücke führte einst der Verkehr

einen wunderbaren Blick auf den Oberen See. Denn die Wiesenfläche, die sich heute hier ausbreitet, war ursprünglich ein künstlich angelegter See, der aber aufgrund des ständigen Wassermangels im Schönbusch austrocknete. Die Ränder des ehemaligen Sees sind noch zu erkennen. Auf dem Weg, der rechts weiter zum Schlösschen führt, queren Sie eine Brücke. Die kleine Wasserfläche links davon ist alles, was vom ehemaligen Oberen See übrig geblieben ist. Nun

Sphinx auf der Roten Brücke

Spaß auf dem Wasser

markiert sie den Beginn des Kanals, der kerzengerade zur Kaskade führt, an der Sie schon vorbeikamen.

Am Schlösschen wenden Sie sich nach links und umrunden auf dem Uferweg den Unteren See, wie er offiziell heißt. Der Weg führt Sie über die 1789/90 entstandene Rote Brücke, die von vier Sphingen bewacht wird. Von hier haben Sie einen herrlichen Blick auf den Unteren See, das Schloss Schönbusch und das Restaurant. Kaum zu glauben, dass diese dreibogige Brücke aus rotem Sandstein ursprünglich als Straßenbrücke für die „Darmstädter Chaussee" errichtet wurde und erst 1934 wegen des zunehmenden Verkehrs zwanzig Meter nach Süden in den Park hinein an diese Stelle versetzt wurde. Der Rundweg führt Sie wieder zurück zur Schönbuschgaststätte. Sollten Sie inzwischen aber Lust auf eine Bootspartie bekommen haben, mieten Sie sich unten am Bootsverleih ein Ruderboot, um den Park vom See aus zu genießen.

BOOTSVERLEIH · Tel.: 06021-6259911

Im Besucherzentrum, das im ehemaligen Küchenbau hinter dem Erlebnisspielpatz untergebracht ist, können Sie sich ausführlich zur Geschichte des Parks Schönbusch informieren.

BESUCHERZENTRUM
Öffnungszeiten: April - September Sa., So. & Feiert. 11 - 18 Uhr
Eintrittskarte vom Schloss Schönbusch erforderlich

Mit dem Bus kommen Sie zurück in die Stadt. Sind Sie aber noch gut zu Fuß oder möchten Sie einfach noch weiter die Natur genießen, können Sie auch auf der Kleinen Schönbuschallee zurück in die Stadt laufen. Diese knapp drei Kilometer lange mit Linden bewachsene Allee zieht sich schnurgerade an Kleingärten, Wiesen, Sportstätten und Einfamilienhäusern vorbei bis zur Willigisbrücke. Von dort aus gelangen Sie in die Altstadt.

Spaziergang unter den Linden der Kleinen Schönbuschallee

Kippenburg und Teufelskanzel

Ein Spaziergang über der Stadt

Um von der Stadt ins Grüne hinaus zu kommen, bedarf es keiner langen Wege. Ringsherum erheben sich Hügel und Hänge, die man besteigen oder erwandern kann. Manche Wege führen höher hinauf und man hat einen wunderbaren Blick auf die Stadt im Maintal und darüber hinaus. Dabei begegnet man kuriosen Bauwerken wie der Kippenburg oder aufgetürmten Felsen wie der Teufelskanzel.

Kippenburg und Teufelskanzel

Ein Spaziergang über der Stadt

Dieser Spaziergang beginnt am östlichen Rande Aschaffenburgs, führt durch Wald über den Godelsberg hinab zur Fasanerie und zurück in die Stadt.

Strecke: ca. 3,5 km, Feld- und Schotterwege, Steigung und Gefälle
Buslinien 12 und 16, Haltestelle Kippenburg

Für diesen Ausflug sollten Sie gut zu Fuß sein und entsprechendes Schuhwerk tragen, denn dieser Wanderweg führt gleich zu Beginn steil hinauf und entsprechend wieder hinab, wofür man festen Tritt braucht.

Los geht es an der Bushaltestelle Kippenburg an der Alois-Alzheimer-Allee. Queren Sie die Straße und biegen Sie wenige Meter oberhalb davon links auf den Feldweg ein. Er führt Sie zu einer Bank und einem Baum, an dem Sie das Markierungszeichen für den Spessartweg 1 sehen. Diesem Weg werden Sie mit Unterbrechungen eine Zeit lang folgen. Wenden Sie sich nun nach links und folgen Sie dem

Sonniger Rastplatz

Weg am Fuße des Godelsbergs. Rechter Hand liegt einer der Weinberge, die seit einigen Jahren wieder bewirtschaftet werden. Hier gibt es an bestimmten Wochenenden und Feiertagen immer in der Zeit um Urbani, das ist am 25. Mai, die Urbani-Häcker. Gemütlich mitten im Weinberg sitzend genießt man den hauseigenen Wein der Winzerfamilie Orth. Jetzt muss nur noch das Wetter stimmen!

Weg am Weinberg entlang

Immer an den Mauern des Weinbergs entlang, gelangen Sie schließlich zu einer Wegkreuzung mit einer Schranke. Hier sehen Sie den Spessartweg 1 wieder ausgeschildert. Nun geht es den Berg hinauf! Der Weg wendet sich in ei-

Weg zur Kippenburg

Wegweiser Spessartweg

Jugendstilbank

ner scharfen Kurve nach rechts, der Sie folgen und auf eine Sandsteinbank stoßen, die schon etwas Patina angesetzt hat. Kein Wunder, denn der Inschrift ist zu entnehmen, dass sie im Jahre 1912 aufgestellt wurde und somit schon mehr als 100 Jahre hier steht. Sie ist dem Magistratsrat Georg Engelhard gewidmet, der sich in jener Zeit um die Spazierwege und die Anlagen hier am Godelsberg verdient gemacht hat. Der Serpentinenweg schlängelt sich weiter den Berg hoch und führt Sie direkt zur Kippenburg. Betreten Sie das Gelände, das jedes Jahr während der bekannten, traditionellen Kippen-

Serpentinenweg

burgfeste im Juli zu neuem Leben erwacht. Die Geschichte des viereckigen Turmes und des kleinen Rundturmes mit den Schießscharten beginnt im Jahre 1839. Damals erbat sich der Weinhändler Adam Kipp aus Aschaffenburg, der am Godelsberg schon mehrere Weinberge besaß, vom Magistrat der Stadt die Erlaubnis, das hier vorherrschende Ödland zu kultivieren. Außerdem wurde ihm erlaubt, „eine Burg zum Ergötzen und zur Erheiterung der Bürger von Aschaffenburg dort auf dem Gipfel zu bauen." Er baute zuerst einen Turm und dann noch einen Turm, Schießscharten dazu und ein großes Tor. Ringsherum wurde eine Mauer gezogen. Fertig war die Ruine der Kippenburg, wie sie bald im Volksmund hieß. Da die Hänge damals und auch viele Jahre später noch nicht bewaldet waren, war sie von weither sichtbar. Zunächst ließ sich alles gut an und es wurden rauschende Sommerfeste auf der Kippenburg gefeiert. Doch mit der Zeit verfiel sie in einen Dornröschenschlaf, aus dem sie erst in den 60er-Jahren des 20. Jahrhunderts von der Stadtgarde Aschaffenburg geweckt wurde. Seitdem verbringen viele Aschaffenburger ihre Juliwochenenden unter den schatti-

Kippenburggelände

Kippenburg

Teufelskanzel

Blick auf Aschaffenburg

gen Kastanienbäumen bei einem kühlen Bier, leckerem Braten und knusprigen Hähnchen.

Verlassen Sie das Gelände durch das Tor hinter den Türmen, wenden Sie sich gleich nach links und gehen Sie auf dem kleinen Weg rechts am hölzernen Versorgungshaus vorbei geradeaus in den Wald hinein. Schon sehen Sie mächtige Felsbrocken vor sich liegen, aus denen Stufen herausgeschlagen sind – die Teufelskanzel. Es soll Luzifer persönlich gewesen sein, der die Felsbrocken verloren oder sogar selbst abgeworfen hat, als er hoch oben in den Lüften vorbeizog. Oder hat er gar aus Wut in diese natürliche Felsformation eine Spalte gestampft? Wie auch immer, die Teufelskanzel hat gar nichts Teuflisches an sich, sondern ist die schönste Aussichtsplattform Aschaffenburgs. Steigen Sie die Stufen hinauf und genießen Sie, durch ein Geländer gut geschützt, die herrliche Aussicht. Aschaffenburg, die Mainschleife, die angrenzenden Ortschaften und bei gutem Wetter sogar die Silhouette Frankfurts sind zu sehen.

Wenn Sie sich sattgesehen haben, folgen Sie dem schmalen, ausgetretenen Pfad – es ist wieder der Spessartweg 1 – der um die Teufelskanzel und die umliegenden Felsbrocken zuerst steil, dann in Serpentinen nach unten führt. Vorsicht! Wenn es feucht ist, kann man leicht ins Rutschen kommen! Schließlich gelangen Sie zu einer Weggabelung, wo Sie sich nach links wenden und nach wenigen Metern an die Straße kommen. Diese überqueren Sie und folgen weiter dem Spessartweg, der genau gegenüber in die Fasanerie führt. Bei der nächsten Wegkreuzung verlassen Sie den Spessartweg und gehen nach links bis zu einer Bank. Nicht umsonst wird diese Stelle Lug ins Land genannt, denn hier kann der Blick weit schweifen, über das Aschafftal, über Hügel und Wiesen. Die Ortschaften Goldbach und Hösbach sind ebenso gut zu sehen wie die Höhen von Johannesberg.

Am Lug ins Land

Setzen Sie Ihren Weg vom Lug ins Land aus fort, immer bergab, bis Sie zu einem Wege-Stern kommen. Hier nehmen Sie den Weg halblinks, laufen immer am Rande des Abenteuerspielplatzes entlang, bis Sie nach links zum Parkplatz an der ehemaligen Fasaneriegaststätte abbiegen.

Nun überqueren Sie den Parkplatz, treten genau gegenüber wieder in den Wald und wenden sich nach wenigen Metern nach links. Nach kurzer Zeit befinden Sie sich am Rande der Fasanerie. Von dort aus folgen Sie dem parallel zur Straße verlaufenden Waldweg Richtung Innenstadt bis zur Brücke, die Sie überqueren. Direkt nach der Brücke ziehen zwei außergewöhnliche Häuser Ihren Blick auf sich. Es sind die sogenannten Gentil-Häuser, die Schandel-Häuser wie die Aschaffenburger sagen.

Gebaut wurden sie vom Pumpen-Anton, wie der Pumpenfabrikant Anton Gentil in Aschaffenburg genannt wurde. Er war das, was man ein Original nennt. Das Vermögen, das er mit seiner Pumpenfabrikation verdiente, investierte er in Kunst und in den Bau fantasievoller Häuser. Während das rechte der beiden Häuser, 1909/10 erbaut, als Wohnhaus der Familie diente, errichtete Anton Gentil

Spielplatz in der Fasanerie

Fasaneriegaststätte

das linke zwölf Jahre später als Haus für seine umfangreiche Kunstsammlung. Schon früh hatte er mit der Sammlung von Kunstwerken begonnen, wobei er sich nicht auf eine Kunstrichtung festlegte. So kombinierte er auch bei der Einrichtung die Kunststile und Kunstwerke beliebig miteinander. Mittelalterliche Skulpturen und Altäre sind dort ebenso zu finden wie Gemälde, Fayencen und Möbel. In den 50 Jahren seiner Sammelleidenschaft trug Anton Gentil fast 2.000 Objekte zusammen. 1949 vermachte er das

Gentil-Museum

Gentil-Wohnhaus

Haus samt der Sammlung testamentarisch der Stadt Aschaffenburg, mit der Auflage, es unverändert zu erhalten. Im Sommer 1951 hatte Gentil mit seinem Sportwagen einen schweren Verkehrsunfall, an dessen Folgen er starb. Gemäß seinem Wunsch wurde die Urne mit seiner Asche in seinem Haus bestattet.

Das Gentil-Haus ist nur im Rahmen von Führungen und nach Voranmeldung zu besichtigen.

GENTIL-HAUS
Grünewaldstr. 20 · 63739 Aschaffenburg
Tel.: 06021-386740

Für seinen Sohn, den Bildhauer Otto Gentil, ließ Anton Gentil in den 20er Jahren neben dem Gentil-Haus ein Atelier errichten, das heute von dem Künstler Konrad Franz genutzt wird.

Von hier aus ist es nicht mehr weit in die Innenstadt. Sind Sie noch gut zu Fuß, empfiehlt sich der Weg durch die breite Grünewaldstraße, die von herrschaftlichen Häusern aus der Gründerzeit gesäumt ist, bis zum Park Schöntal und danach durch die Fußgängerzone. Möchten Sie lieber den Bus nehmen, gehen Sie die Lindenallee an der Großmutterwiese entlang bis zum Kreisel. Rechter Hand sehen Sie dort die Bushaltestelle.

Steine erzählen Geschichte

Ein Rundgang über den Altstadtfriedhof

Im Jahre 1809 vor den Toren der Stadt angelegt, liegt der Altstadtfriedhof, der älteste Friedhof Aschaffenburgs, heute mitten in der Stadt. Auf ihm haben viele Persönlichkeiten Aschaffenburgs ihre letzte Ruhestätte gefunden, und noch immer finden hier Beisetzungen statt. Bei einem Rundgang entdeckt man nicht nur Spuren der Stadtgeschichte, sondern auch kunsthistorisch interessante Grabmäler und Gedenksteine.

Steine erzählen Geschichte

Ein Rundgang über den Altstadtfriedhof

Strecke: ca. 1 km, eben
Buslinie 4, Haltestelle Lamprechtstraße

Sie steigen an der Bushaltestelle Lamprechtstraße aus und gehen zurück Richtung Innenstadt bis zur Apotheke an der Ecke. Dort biegen Sie links ab, wechseln die Straßenseite und folgen der Straße bis zur Gabelung. Dort, am Steinwerk, einem Steinmetzbetrieb, beginnt die Straße Güterberg. Diese gehen Sie entlang und sehen rechterhand bald die Mauer des Altstadtfriedhofs. Am Parkplatz vorbei folgen Sie der Straße bis zum Haupteingang des Altstadtfriedhofs, der genau gegenüber der Gärtnerei liegt.

Betreten Sie nun den Friedhof und wenden Sie sich gleich nach rechts. Wenige Meter vom Haupteingang entfernt liegt auf der rech-

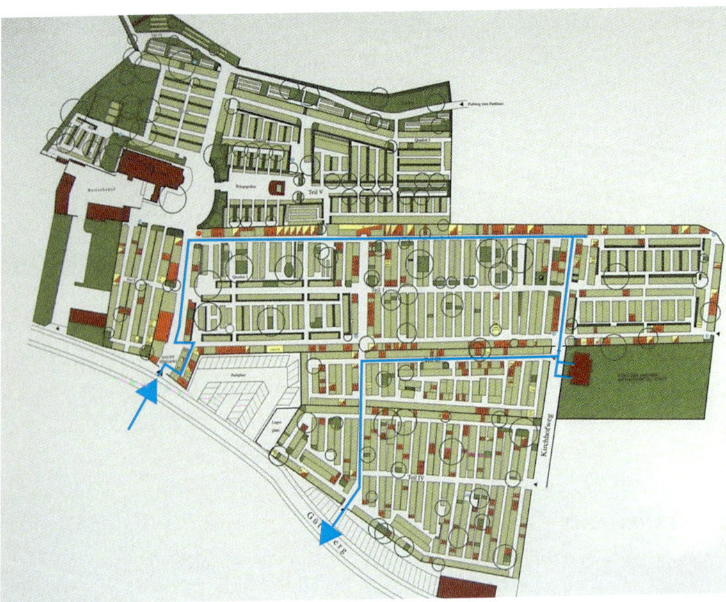

ten Seite die Grabstätte von Clemens Brentano, einem der bedeutendsten Dichter der Romantik. Geboren in Ehrenbreitstein als Sohn einer wohlhabenden Frankfurter Kaufmannsfamilie, widmete er sich nach mehreren abgebrochenen Studiengängen schließlich der Dichtkunst. Gemeinsam mit seinem Schwager Achim von Arnim gab er 1807 die Lieder- und Gedichtesammlung „Des Knaben Wunderhorn“ heraus. Die letzten Lebensjahre verbrachte Clemens Brentano in München, starb aber im Juli 1842 hier in Aschaffenburg im Hause seines Bruders Christian, der ihn in den letzten drei Wochen seines Lebens gepflegt hatte.

Brentanograb

Clemens Brentano war einer der wenigen Menschen, die sich freiwillig älter machten, auch wenn es nur ein Tag ist. Als sein Geburtsdatum ist auf dem Grabstein 8. September 1778 zu lesen. Er wurde aber am 9. September geboren. Da er in späteren Jahren ein großer Marienverehrer wurde, beschloss er, dass der 8. September, der Tag von Maria Geburt, sein Geburtstag war und so wurde dieser Tag auf dem Grabstein eingemeißelt.

Auf dem Grabstein lesen Sie viele weitere Namen von Mitgliedern der Familie Brentano, die auch hier beigesetzt wurden. Ganz unten auf dem Sockel steht ein Gedicht Brentanos:

Als die Blumen hier vergangen,
Ist ihr Frühling dort erschienen.
Sie sind zum Verein gegangen,
Zu des Himmels Arbeitsbienen.

Jugendstilgrab der Hubertia

Vom Grab der Familie Brentano aus gehen Sie auf dem Hauptweg weiter gerade aus. Nach wenigen Metern fällt rechts ein großes, aus Sandstein gehauenes Jugendstil-Grabmal ins Auge. Es ist die Gedenkstätte für drei Verstorbene der Studentenverbindung.

Im 19. Jahrhundert besaß Aschaffenburg eine Forsthochschule. Die Disziplinarbestimmungen für diese Studenten waren streng: Wirtshausbesuch, Farben tragen und Fechten waren verboten. Trotzdem wurden 1845 und 1847 drei Verbindungen gegründet: Arminia, Hubertia und Hercynia, allesamt „schlagende" Verbindungen. Der Anlass zur Errichtung des Denkmals war ein Unglücksfall. Bei einer Säbelpartie zwischen zwei Corpsbrüdern der Arminia und der Hubertia wurde Titus Könígsdorfer, Corpsmitglied der Hubertia, durch einen Säbelhieb verletzt. Er starb nach neun Tagen an Wundstarrkrampf.

Auf dem Grabmal sind die Namen der hier beigesetzten Mitglieder zu finden. Die Jahreszahlen bezeichnen die Jahre ihrer Zugehörigkeit zur Verbindung. Entworfen wurde dieses Denkmal übrigens von einem Mitglied der Verbindung, von Max Pfeifer.

Geradeaus weitergehend kommen Sie zum Friedhofsplan. Dort lenken Sie Ihre Schritte nach rechts und folgen dem Weg entlang der Mauer. Linkerhand befinden sich die Grabstätten vieler hier bekannter Aschaffenburger. Im 19. Jahrhundert wollte man auch mit der Grabstätte seine Stellung in der Gesellschaft dokumentieren. Nicht nur anhand der Gestaltung des Grabsteines, sondern auch anhand der Inschriften zeigte man, wer man im Leben gewesen war. Nehmen Sie sich die Zeit und studieren Sie den einen oder anderen Grabstein genauer. Sie werden auf vielen der Grabsteine ganze Stammbäume, Verwandtschaftsbeziehungen, Berufe und bisweilen auch Auszeichnungen lesen.

Die Priestergräber

Nach einigen Metern erhebt sich links ein Kruzifix, umgeben von vielen Grabsteinen und Kreuzen, die Pfarrergräber. Priester, die in Aschaffenburg wirkten, mit oder ohne Pfarrei, wurden hier beigesetzt. Auch der Weihbischof von Kolborn, der diesen Friedhof 1809 weihte, hat hier seine Grabstätte.

In der ersten Reihe kann man auf einem Grabstein den Namen des ehemaligen Stiftpfarrers Ignaz Hergenröther lesen. Um ihn ranken sich viele Geschichten. So weigerte er sich im Jahre 1919 anlässlich der Beisetzung des ermordeten bayerischen Ministerpräsidenten Kurt Eisner in der Stiftskirche, wie es in ganz Bayern angeordnet war, die Glocken läuten zu lassen. Um sicherzugehen, dass niemand sonst das tun würde, suchte er nach einem sicheren Versteck für die Kirchturmschlüssel. Da er Imker war, kam ihm schließlich eine Idee – er versteckte die Schlüssel ganz unten in einem Bienenkasten.

Nach wenigen Metern stehen Sie vor dem mit einem niedrigen Metallzaun umgebenen Grabplatz der Familie Dessauer, einer alteingesessenen, hoch angesehenen Aschaffenburger Industriellenfamilie.

Philipp Dessauer leitete nach dem Tode seines Vaters die Dessauersche Buntpapierfabrik. Aus der Ehe mit Elise Vossen, die er 1864 heiratete, gingen elf Kinder hervor. Das berühmteste von ihnen war Friedrich Dessauer, dessen Grab rechts neben dem Familiengrab zu finden ist. Er zeigte schon als Jugendlicher großes Interesse an technischen Maschinen und Geräten. Als er von der Entdeckung einer neuen Strahlenart durch Conrad Röntgen erfuhr, begann er, sich damit zu beschäftigen und zu experimentieren. Friedrich Dessauer leistete in den nächsten Jahren und Jahrzehnten auf diesem Gebiet eine auch international anerkannte Pionierarbeit. Dies blieb für ihn nicht ohne gesundheitliche Schäden, denn damals war der Strahlenschutz noch unzureichend. Gezeichnet von diesen Strahlenschäden starb Friedrich Dessauer im Jahre 1963 in Frankfurt am Main.

Grabstätte der Familie Dessauer

Das Grab von Hugo Güldner

Folgen Sie diesem Weg weiter bis Sie kurz nach einem breiteren Querweg auf ein großes Jugendstilgrabmal treffen, das die Inschrift trägt: Grenzstein des Lebens, doch nicht der Liebe. Es ist das Grab von Hugo Güldner, der sich als Ingenieur und Konstrukteur schon früh mit Verbrennungsmotoren beschäftigte und als Pionier des Motorenbaus gilt. Nach seiner Arbeit bei Rudolf Diesel in Augsburg, war er 1904 in München Mitbegründer der Güldner-Motorenwerke, die er 1906 nach Aschaffenburg verlegte.

Gehen Sie nun die wenigen Schritte zum erwähnten breiten Querweg zurück, dem Sie folgen. Er führt Sie durch einen Nebenausgang zum jüdischen Friedhof, der von einem Zaun umgeben direkt an den Altstadtfriedhof angrenzt. Von dort kehren Sie später wieder auf den Altstadtfriedhof zurück.

Linker Hand steht das Taharahaus, in dem die rituellen Waschungen der Verstorbenen stattfanden. Es ist für die Öffentlichkeit nur bei Führungen zugänglich. Wenige Meter weiter betreten Sie den

Taharahaus

Friedhof, der in der Regel tagsüber geöffnet ist. 1890 angelegt fanden hier die Juden Aschaffenburgs bis 1942 ihre letzte Ruhestätte.

Kehren Sie nun wieder auf dem gleichen Weg zurück und betreten Sie einen weiteren Teil des Altstadtfriedhofs durch das Tor auf der linken Seite. Folgen Sie dem Weg an der Mauer entlang bis Sie an den kreuzenden breiten Querweg kommen. Direkt am Übergang liegt auf der rechten Seite das Grab des Dichters Wilhelm Heinse. Er stammte aus Thüringen und kam als Hofrat und kurfürstlicher Bibliothekar mit Kurfürst Erthal 1794 nach Aschaffenburg. Einige Jahre zuvor hatte er nach einer Italienreise einen Roman veröffentlicht, der für die damalige Zeit ungewöhnlich war. Denn in diesem Roman, der im 16. Jahrhundert auf zwei Inseln im Ägäischen Meer spielt, verwirklicht der Protagonist Ardinghello in einem neu gegründeten Staat Freiheit und Menschenwürde: Individueller Besitz und Ehe sind abgeschafft, es herrscht völlige Gleichberechtigung in sozialer und politscher Hinsicht. Und das vor dem Ausbruch der Französischen Revolution!

Wilhelm Heinse starb 1803 an den Folgen eines Schlaganfalls und wurde zunächst auf dem alten Friedhof um die Agathakirche beigesetzt. Doch König Ludwig I. von Bayern, der Heinse sehr schätzte, ließ ihn dort 1826 auf einen würdigeren Platz umbetten. Als der Agathafriedhof 1880 endgültig aufgelöst wurde, überführte man Heinses Gebeine hierher an diese Stelle auf dem Altstadtfriedhof. So wurde Wilhelm Heinse also insgesamt dreimal bestattet.

Heinsegrab

HEINSES SCHÄDEL

Zu Lebzeiten hatte Heinse seinem Freund, dem Anatom Samuel Sömmerring, versprochen, dass er seinen Schädel bekäme. Dieses Versprechen wurde zwei Jahre nach Heinses Tod umgesetzt. Man öffnete das Grab, entnahm Heinses Schädel und übergab ihn Sömmerring. Bis zum Zweiten Weltkrieg befand dieser sich dann im Senckenbergmuseum in Frankfurt am Main, wo er während der Kriegsereignisse zerstört wurde.

Noch viele Gräber, Grabsteine und Denkmäler gibt es auf dem Altstadtfriedhof zu entdecken. Je nachdem wie Ihnen der Sinn steht, können Sie weiter umherschweifen oder den Friedhof dem Querweg folgend an einem Nebenausgang verlassen. Dort wenden Sie sich nach links und gehen zurück zur Bushaltestelle.

ALTSTADTFRIEDHOF ASCHAFFENBURG
Güterberg 6-12 · 63739 Aschaffenburg · mehrere Zugänge
Haupteingang am Güterberg, gegenüber der Gärtnerei

Gain
CSU

Service

Service

Adressen, Informationen, Feste und Veranstaltungen

Um Ihren Aufenthalt in Aschaffenburg planen zu können, sind hier die wichtigsten Informationen für Sie zusammengefasst.

PARKEN

Aschaffenburg hat acht **Parkhäuser**. Von jedem ist die Innenstadt bequem zu Fuß zu erreichen:

Parkhaus Stadthalle, Schlossplatz 1
Parkhaus Theaterplatz, Dalbergstraße 18
Parkhaus Alexandrastraße, Alexandrastraße
Parkhaus Löhergraben, Löherstraße 21
Parkhaus Am Hauptbahnhof, Elisenstraße 24
Parkhaus Dämmer Tor, Bert-Brecht-Straße 1
Parkhaus Luitpoldstraße, Luitpoldstraße
Parkhaus City-Galerie, Goldbacher Straße

Reisemobilstellplatz am Main

Reisemobilstellplatz: Der mehrfach ausgezeichnete Reisemobilstellplatz für ca. 30 Wohnmobile ist idyllisch direkt am Mainufer an der Willigisbrücke gelegen. In ca. 10 Minuten erreicht man zu Fuß die Altstadt. Wohnwägen und Zelte sind untersagt. Nutzungsgebühren: 1 Tag: 3 €, 3 Tage: 7 €, 5–8 Tage: 10 €.

Die **Tourist-Information** liegt direkt am Schlossplatz, zwischen Schloss Johannisburg und Parkhaus Stadthalle.

TOURIST-INFORMATION ASCHAFFENBURG
Schlossplatz 2 · 63739 Aschaffenburg · Tel.: 06021-39580
www.info-aschaffenburg.de · Öffnungszeiten: April bis September Mo. - Fr. 9 - 18 Uhr, Sa. 9 - 13 Uhr, So. & Feiert. 11 - 15 Uhr
Oktober bis März Mo. - Fr. 9 - 17 Uhr, Sa. 10 - 13 Uhr

STADTFÜHRUNGEN

Das Führungsnetz Aschaffenburg bietet folgende Führungen an, an denen Sie ohne Anmeldung teilnehmen können. Führungsgebühr jeweils 4,50/5,50 € (plus Eintritt).

ALTSTADT: STADTFÜHRUNG „MOI ASCHEBERG"
Ganzjährig Sa. 11 Uhr · April - Oktober tägl. 11 Uhr · Dauer: 90 Minuten
Treffpunkt: vor der Tourist-Information, Schlossplatz 2

SCHLOSS JOHANNISBURG: „SCHLOSS JOHANNISBURG IM WANDEL"
Ganzjährig jeden ersten So. im Monat 14 Uhr · Dauer: 90 Minuten
Treffpunkt: Schloss Johannisburg, Schlossplatz 4, Kassenraum
Mindestteilnehmerzahl: 5 Personen

POMPEJANUM: „DAS RÖMISCHE HAUS IN ASCHAFFENBURG"
April - September So. 15 Uhr · Treffpunkt: Pompejanum, Pompejanumstraße 5, Kassenraum
Mindestteilnehmerzahl: 5 Personen

Weitere Führungen unter **www.fuehrungsnetz-aschaffenburg.de**.

VERANSTALTUNGEN

Die meisten der Veranstaltungen und Feste in Aschaffenburg finden traditionell zu bestimmten Terminen statt. Hier sind die wichtigsten zusammengestellt.

April/Mai

Hamburger Fischmarkt: Von Ende April bis Anfang Mai baut der Hamburger Fischmarkt auf dem Schlossplatz seine Stände auf.

Juni

Volksfest: Jedes Jahr im Juni verwandelt sich der Volksfestplatz für 10 Tage in einen Vergnügungspark. Jeweils am Beginn und am Ende freuen sich die Besucher über ein Großfeuerwerk.

Juli

Kulturtage mit langer Museumsnacht: In der ersten Juliwoche zeigen die Aschaffenburger Kulturtage seit vielen Jahren, welch großes Kulturangebot Aschaffenburg zu bieten hat. Höhepunkt ist die lange Museumsnacht.

Kippenburgfest: An den ersten Juliwochenenden wird auf der Kippenburg gefeiert.

Fest der Brüderschaft der Völker: Seit mehr als 30 Jahren trägt dieses interkulturelle Fest, das auf dem Volksfestplatz stattfindet, zur Völkerverständigung bei.

August

Kunsthandwerkermarkt und Carillonfest: Immer am ersten Augustwochenende kommen bis zu 90 Kunsthandwerker von überall her in den Schlosshof, um ihre Arbeiten zu zeigen. Außerdem gibt es Führungen zum Carillon im Ostturm und Carillonkonzerte. Täglich von 11–22 Uhr, 2 € Eintritt.

Beleuchtetes Carillon im Schlossturm

Stadtfest: Immer am letzten Augustwochenende feiern die Aschaffenburger ihr traditionelles Stadtfest. Die ganze Stadt verwandelt sich in einen Festplatz mit abwechslungsreichem Programm, Musikdarbietungen und kulinarischen Genüssen.

November/Dezember
Weihnachtsmarkt: Am Donnerstag vor dem ersten Adventswochenende bis kurz vor Heiligabend findet vor der malerischen Kulisse des Schlosses Johannisburg der Aschaffenburger Weihnachtsmarkt statt.

Weihnachtspyramide auf dem Weihnachtsmarkt

Danksagung

Alle Fotos dieses Buches wurden von meinem Mann aufgenommen. Tatkräftig und konstruktiv unterstützte er mich auch wieder bei dieser 2. Auflage. Danke schön!

Die Autorin

Monika Spatz wurde 1954 in Aschaffenburg geboren und ist dort aufgewachsen. Schon immer faszinierte sie die Geschichte ihrer Heimatstadt, die sie wie ihre Westentasche kennt. Seit 1998 ist die ehemalige Grundschullehrerin in ihrer Freizeit als Gästeführerin für das Führungsnetz der VHS Aschaffenburg tätig. Seitdem zeigt sie Gästen in immer wieder neuen Themenführungen ihre Lieblingsstadt.

SUSANNE KAHLIG
Heidelberg zu Fuß
DIE SCHÖNSTEN SEHENSWÜRDIGKEITEN ZU FUß ENTDECKEN
Neu: Mit barrierefreier Tour!
3., komplett überarb. Auflage
SOCIETÄTS VERLAG

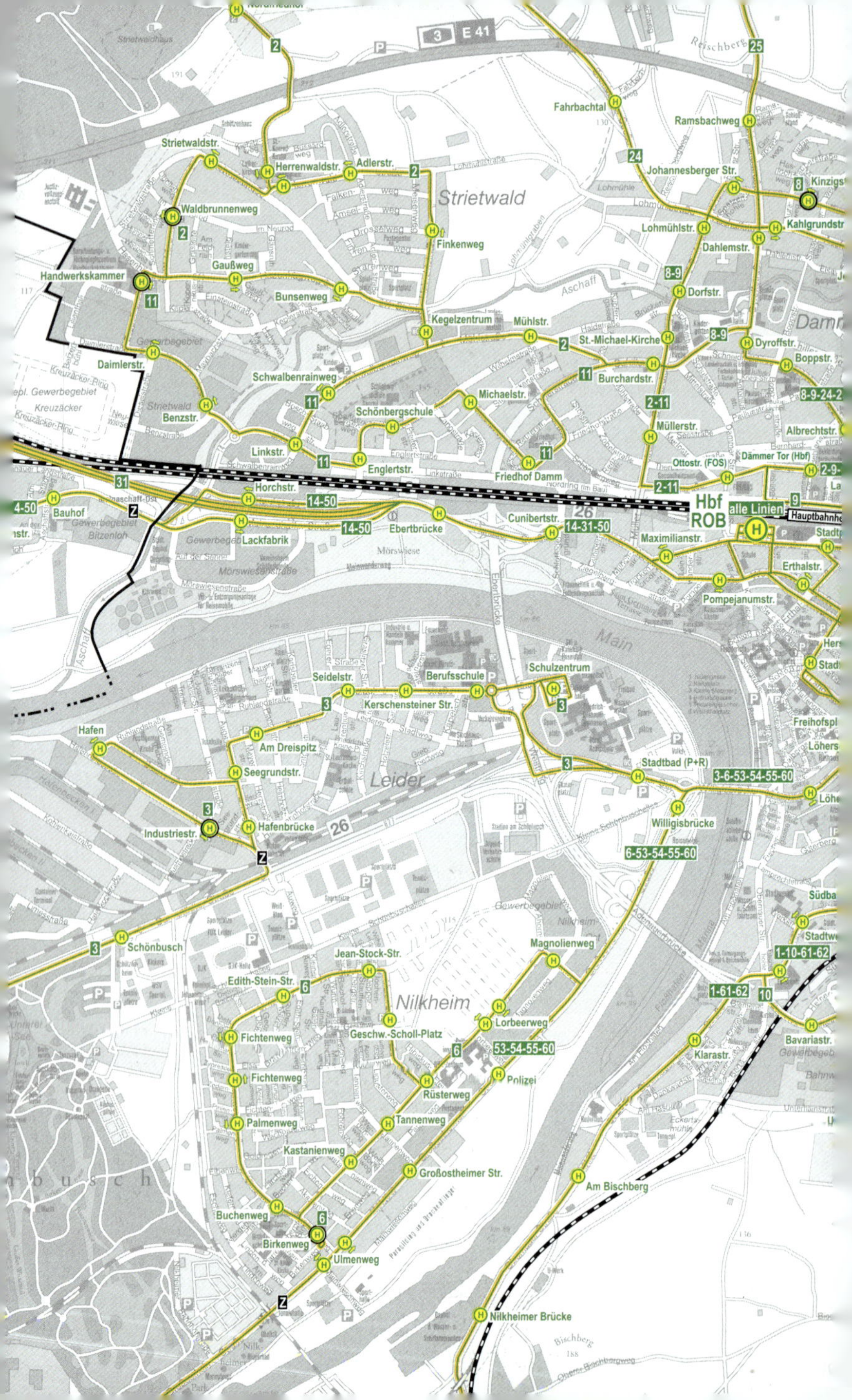

Strietwald
Strietwaldstr.
Herrenwaldstr.
Adlerstr.
Waldbrunnenweg
Handwerkskammer
Gaußweg
Bunsenweg
Finkenweg
Kegelzentrum
Mühlstr.
Daimlerstr.
Schwalbenrainweg
Schönbergschule
Michaelstr.
Benzstr.
Linkstr.
Englertstr.
Friedhof Damm
Fahrbachtal
Ramsbachweg
Johannesberger Str.
Kinzigstr.
Lohmühlstr.
Kahlgrundstr.
Dahlemstr.
Dorfstr.
St.-Michael-Kirche
Dyroffstr.
Boppstr.
Burchardstr.
Müllerstr.
Albrechtstr.
Ottostr. (FOS)
Dämmer Tor (Hbf)
Hbf
ROB
alle Linien
Hauptbahnhof
Horchstr.
Bauhof
Lackfabrik
Ebertbrücke
Cunibertstr.
Maximilianstr.
Pompejanumstr.
Erthalstr.
Main
Aschaff
Schulzentrum
Seidelstr.
Kerschensteiner Str.
Berufsschule
Hafen
Am Dreispitz
Seegrundstr.
Industriestr.
Hafenbrücke
Leider
Stadtbad (P+R)
Willigisbrücke
Freihofspl.
Schönbusch
Jean-Stock-Str.
Edith-Stein-Str.
Nilkheim
Magnolienweg
Lorbeerweg
Fichtenweg
Geschw.-Scholl-Platz
Polizei
Rüsterweg
Palmenweg
Tannenweg
Kastanienweg
Großostheimer Str.
Am Bischberg
Klarastr.
Bavariastr.
Buchenweg
Birkenweg
Ulmenweg
Nilkheimer Brücke
3-6-53-54-55-60
6-53-54-55-60
53-54-55-60
1-10-61-62
1-61-62
14-31-50
14-50
E 41